의식의 깨어남을 사모하라

정원 지음

영성의 숲

서문

의식은 영혼의 한 기능입니다.
영혼이 깨어나고 움직이게 될수록 의식도 차츰 깨어나게 됩니다. 그리하여 새로운 세계를 이해하고 진정한 자유함을 경험하게 될 것입니다.
하지만 대부분의 사람들은 의식의 깨어남이 무엇인지 알지 못하고 있습니다. 그리하여 혼돈과 어두움 속에서 의식의 잠을 자고 있습니다.

주님은 가르치심 중에 깨어있을 것을 여러 번 말씀하셨습니다.
우리는 어떻게 깨어있을 수 있을까요?
의식의 잠은 무엇일까요?
그리고 깨어남이란 어떤 것일까요?
우리는 어떻게 해서 깨어남을 경험하고 그 열매를 맛볼 수 있을까요?
우리는 이 책에서 그것들을 살펴볼 것입니다.
이 책을 읽는 여러분의 영혼과 의식이 깨어나고 발전할 수 있기를 진정 바라는 바입니다.

2004. 8. 정원

CONTENTS

1부 의식의 깨어남이란 무엇인가

1. 주님은 깨어있으라고 말씀하십니다 • 11
2. 꿈속에서는 아무것도 할 수 없습니다 • 13
3. 의식이 부족하면 동물처럼 삽니다 • 16
4. 의식이 많아질 때 본능을 초월하게 됩니다 • 19
5. 우리는 원하는 것에만 깨어있습니다 • 24
6. 깨어있는 상태와 망각의 상태 • 28
7. 영혼을 잠재우는 도구들 • 32
8. 본능의 길을 벗어날 때 영혼이 깨어납니다 • 38
9. 깨어날 때 영의 상태를 볼 수 있습니다 • 40
10. 욕망이 시작되는 곳 • 44
11. 의식의 수준 • 47
12. 지적인 능력과 의식의 깨어남의 차이 • 52
13. 의식의 충만함과 의지력 • 58
14. 네 가지 마음과 의식의 상태 • 61
15. 의식의 깨어남과 뇌력 강화 • 69
16. 수 읽기와 마음 읽기 • 72
17. 습관과 충동은 의식을 흐리게 합니다 • 79

18. 의식의 깨어남과 큐티 • 83
19. 잠을 자고 있는 현대인 • 87
20. 가만히 있음을 견디지 못함 • 90
21. 자신을 보게 되는 깨어남 • 95
22. 혼미한 의식의 전달 • 101
23. 몰입에서 벗어나십시오 • 109
24. 흥분은 의식을 잃게 합니다 • 112
25. 조급함과 의식 • 115
26. 표면 의식과 깊은 의식 • 120

2부 깨어남의 방법과 원리

1. 깨어남의 분위기와 원리 • 127
2. 잠자고 있었음을 인식하기 • 130
3. 깨어남의 조건 • 133
4. 자신을 인식함 • 137
5. 관찰하기 • 139
6. 고요한 의식의 훈련 • 142
7. 생각 비우기 • 146
8. 제 3 의식의 상태 • 152

9. 습관적인 삶에서 벗어나기 • 158

10. 혼자 있기 • 162

11. 머리를 맑게 하는 호흡기도 훈련 • 167

12. 천천히 움직이기 • 171

13. 어떤 상황에서도 평안을 유지하기 • 174

14. 영상 문화의 힘 • 180

15. 마음을 담아서 보기 • 184

16. 눈을 감고 보기 • 191

17. 의식을 가지고 먹기 • 197

18. 한 가지 일에 집중하기 • 202

19. 의식적으로 걷고 움직이기 • 205

20. 신체 감각을 느끼고 대화하기 • 208

21. 소리에 귀를 기울이기 • 212

22. 감정을 관찰하기 • 214

23. 서로에 대해 깨어있기 • 218

24. 잠자지 않고 깨어있기 • 222

25. 기도하면서 깨어 있기 • 225

26. 주님을 의식하며 깨어있기 • 229

결언 - 깨어남을 사모하십시오 • 234

1부

의식의 깨어남이란 무엇인가

1. 주님은 깨어있으라고 말씀하십니다

주님은 제자들에게 자주 깨어있으라고 말씀하셨습니다. 잡히시던 날 밤에도 깨어서 기도하라고 반복하여 말씀하셨습니다. 그러나 졸음을 참지 못하던 제자들이 계속 잠이 들어버리자 그들을 깨우시며 한 시간도 깨어있지 못하느냐고 지적하시기도 하셨습니다.

깨어있으라는 그 말씀은 단순히 잠을 자지 말라는 말씀만은 아닐 것입니다. 영적으로 각성하고 있어야 한다는 말씀이시겠지요. 실제로 베드로는 깨어있지 않았기 때문에 얼마 후에 주님을 부인하고 서주하는 일을 저지르게 됩니다. 영적으로 깨어있지 않았기 때문에 그만 시험에서 넘어지고 만 것이지요.
그러다가 주님의 눈과 부딪치고 닭이 우는 소리를 들으면서 그는 갑자기 정신이 깨어나게 됩니다. 그때서야 그는 자신이 무슨 행동을 했는지 깨닫고 바깥으로 뛰쳐나가서 통곡합니다. 그는 잠시 동안 영적으로 잠을 자고 있었던 것입니다.

신앙을 가진지 얼마 되지 않은 아주머니가 내게 이런 질문을 한 적이 있었습니다.
"목사님, 교회에서 항상 깨어있으라고 하는데 그럼 잠은 언제 자는 거지요?"

나는 웃으며 그녀에게 설명을 했지요. 깨어있으라는 것은 잠을 자지 말라는 말씀이 아니며 무슨 일을 하든지 어디에 있든지 항상 마음속에 주님을 모시고 주님을 인식하고 있는 것을 의미한다고 말입니다. 하지만 실제적으로 물리적인 잠과 영적인 잠은 서로 연관성을 가지고 있는 것 같습니다. 잠을 많이 자다보면 영적으로도 둔해지는 면이 있다는 것이지요.

분명한 것은 우리는 깨어있어야 한다는 것입니다. 영적으로도 육적으로도 깨어있어야 합니다. 잠을 자고 있을 때는 모든 것이 불분명하지만 깨어있을 때는 모든 것들이 점점 더 선명해지는 것입니다.
그러므로 깨어있는 것은 아름다운 일이며 복스러운 것입니다.
우리의 정신과 영이 점점 더 깨어날수록 우리는 그것을 더 인식할 수 있게 될 것입니다.

2. 꿈속에서는 아무 것도 할 수 없습니다

깨어있지 않고 잠을 자고 있는 사람은 아무것도 듣거나 볼 수 없습니다. 깨어있을 때 사람은 비로소 듣거나 볼 수 있을 것입니다.
주님은 사람들에게 말씀을 전하시며 그들이 듣기는 들어도 깨닫지 못하며 보기는 보아도 알지 못할 것이라고 말씀하셨습니다.(마13:14) 그 것은 그들의 영이 잠을 자고 있는 상태이기 때문입니다.
주님께서 세상에 오신 이유가 보지 못하는 자들을 보게 하려 함이라고 말씀하시자 바리새인 중에 한 사람이 '우리도 소경인가' 하고 중얼거렸습니다.(요9:40) 주님께서 그들을 귀머거리나 소경 취급을 하셨기 때문입니다. 그러한 말씀은 그들에게 어처구니없는 이야기였을 것입니다. 멀쩡한 사람을 보고 소경이라고 하고 귀머거리라고 하니 기가 막혔을 것입니다.

그러나 그 말씀은 사실입니다. 그들은 육체적으로는 귀가 들리고 눈이 보이는 사람들이었지만 영적으로는 눈이 멀고 귀가 닫힌 상태에 있었습니다. 그들은 주님의 많은 말씀을 들었지만 그 어느 것도 이해할 수 없었습니다.
이 사실은 분명합니다.
잠을 자고 있거나 꿈을 꾸고 있는 자들은 결코 아무 것도 보거나 들을 수 없다는 것입니다. 그것은 깨어난 사람에게만 가능한 일입니다.
잠을 자고 있을 때 그는 자신이 잠을 자고 있다는 사실을 알지 못합니다. 그러나 잠에서 깨어나는 순간 그는 알게 됩니다. 그가 지금까지 잠이 들어 있었다는 사실을 말입니다.

꿈을 꾸고 있을 때 그는 자신이 꿈을 꾸고 있다는 사실을 알지 못합니다. 그는 꿈속의 모든 일들이 실제라고 생각합니다.
그러나 꿈에서 깨어나는 순간 그는 자신이 꿈을 꾸고 있었다는 것을 알게 됩니다. 눈을 뜰 때 모든 것은 비로소 실제가 되는 것입니다. 그는 비로소 꿈과 현실의 차이를 느낄 수 있게 됩니다.

오늘날 많은 사람들은 영적으로 잠든 상태에 있으며 꿈을 꾸는 상태에 있습니다. 그들은 자신이 깨어있다고 생각합니다. 자신이 잠을 자고 있는지 꿈을 꾸고 있는지 알지 못합니다. 정말 깨어날 때에만 비로소 자신이 그러한 상태에 있었다는 것을 알게 됩니다.
우리는 깨어나야 합니다. 그때에 비로소 주님의 말씀을 바르게 이해할 수 있습니다. 그리고 체험할 수 있습니다.
그리고 진정한 자유를 경험하게 됩니다.

꿈속에서는 할 수 있는 것이 별로 없습니다.
뒤에서 누군가가 쫓아와도 잘 달아나지 못합니다.
맛있는 음식을 발견하고 먹으려고 하면 먹지도 못하고 깨어나 버립니다.

사랑하는 사람을 만나 즐거운 시간을 보내려고 하는 순간에 깨어버립니다.
그것이 꿈입니다. 꿈속에서 우리는 열매를 맺기 어렵습니다.

사람들은 이제는 화를 내지 않겠다고 결심합니다. 하지만 그는 할 수 없습니다. 그는 곧 다시 분노에 휩싸입니다.
사람들은 다시는 악한 습관에 빠지지 않겠다고 결단합니다. 하지만 그는 여전히 동일한 행동을 반복합니다.
왜 그는 할 수 없을까요?
그는 지금 꿈속에 있기 때문입니다.
꿈속에서는 아무 것도 할 수 있는 일이 없습니다.

하지만 깨어나면 우리는 모든 것을 할 수 있습니다.
움직일 수 있고, 걷을 수 있고, 맛있는 음식을 먹을 수 있고, 사랑하는 이에게 사랑한다고 말할 수 있습니다.
그것이 깨어남입니다.
우리는 깨어나야 합니다.
그리고 지금까지 꿈을 꾸고 있었다는 것을 발견해야 합니다.
진정 우리가 깨어날 때 우리는 그 순간부터 조금씩 더 자유함의 세계로, 실상의 세계로 나아가게 될 것입니다.

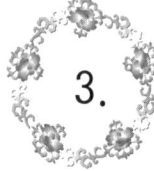 3. 의식이 부족하면 동물처럼 삽니다

눈을 뜨고 있다고 해서 다 깨어있는 것은 아닙니다. 눈을 뜨고 있고 움직이고 있지만 의식이 없는 상태라면 그것은 잠을 자고 있는 상태인 것입니다.

사람의 사람됨은 의식의 충분함 여부에 달려있는 것입니다. 의식이 부족한 사람, 의식이 거의 없는 사람은 동물과 비슷한 삶을 살게 됩니다. 그들은 아무런 의식이 없이 거의 본능과 충동 속에서 삽니다. 그것이 바로 동물적인 삶입니다.

동물의 삶을 보면 그들은 의식이 없이 본능적으로 사는 것을 알 수 있습니다.

그들은 본능을 따라 먹고 배설 작용을 하며 만족하고 삽니다.

먹을 것을 빼앗기면 화를 냅니다. 졸리면 잠을 잡니다. 누군가가 그들을 공격하면 그들은 싸우거나 도망갑니다. 그들은 본능으로 움직이고 사는 존재입니다.

돼지에게 먹이를 주면서 키울 때 그들은 먹이를 먹으면서 만족합니다. 그들의 내일과 미래를 염려하지 않습니다.

그들은 내일 일을 염려하지 말라는 성경 말씀을 이해하고 있는 것일까요? 아닙니다. 그들은 의식이 없어서 그 순간의 본능 외에는 아무 것도 생각하지 않기 때문입니다.
돼지나 양계장의 닭들은 환경이 열악해도 처우개선을 요구하며 데모를 하지 않습니다. 그들은 자신이 불행하다고 생각하지 않습니다. 그것은 그들이 의식이 없기 때문입니다.

수사자는 무리의 대장인 수사자와 싸워서 이기게 되면 암사자를 차지하게 됩니다. 그러나 암사자가 그와 동침하려고 하지 않기 때문에 먼저 암사자의 새끼들을 물어서 죽입니다. 그래야만 암사자는 그를 받아들여서 새로운 새끼를 잉태하기 때문입니다.
어떻게 암사자는 자기의 새끼를 죽인 원수를 용서할 수 있을까요? 자기의 남편을 죽인 원수를 용서할 수 있을까요? 어떻게 그가 원수와 같이 동침할 수 있을까요? 그것은 그가 의식이 없고 본능으로 살기 때문입니다.

의식이 없기 때문에 동물들은 슬프지 않습니다. 원한을 품지 않습니다. 상처를 받지 않습니다.
어떤 면에서 그것은 평화로운 일입니다. 그러나 의식이 없기 때문에 그들은 또한 발전할 수가 없습니다.

그들이 의식이 거의 없거나 부족한 것은 주님께서 그렇게 지으셨기 때문입니다. 만일 그들이 의식이 있다면 육식동물은 항상 남을 죽이며 살아가야 하는 자신의 모습에 회의를 느낄지 모릅니다. 초식동물들은 두려움과 불안 때문에 정신병원에 가야할지 모릅니다. 우리에 갇혀서 사는 돼지들은 절망한 나머지 집단 자살을 할지도 모릅니다. 하지만 그들은 의식이 거의 없기 때문에 행복하게 살아갑니다.
동물들에게 의식이 없다는 것은 행복입니다. 하지만 인간은 그렇지 않습니다. 주님께서는 인간에게 의식을 주셨습니다. 그 의식을 통해서 발전하고 주님께 나아가도록 만드셨습니다. 그것이 인간입니다.

그러나 이 시대의 많은 인간들은 동물과 같이 의식을 점차 잃어버리고 삽니다. 삶의 진정한 의미, 영혼의 의미를 잃어버리고 동물과 같이 본능으로 삽니다. 단순히 육체의 쾌락을 얻으면 만족을 느끼는 그러한 수준에서 살아가고 있습니다.
많이 소유하고 편하게 살며 먹고 마시고 즐기면 그것으로 행복하다고 생각합니다.
그것은 의식을 잃어버린 것입니다. 그것은 동물의 행복이지 인간의 행복이 아닙니다.
그것은 의식이 잠을 자고 있는 것입니다. 움직이고 말하고 웃고 울지만 영혼이 잠을 자고 있는 것입니다.
의식의 깨어남은 영혼의 깨어남의 한 부분입니다. 이 깨어남을 통해서 인간은 진정한 자유와 삶의 방향을 발견할 수 있습니다. 진정한 행복을 알 수 있습니다. 의식이 깨어날수록 인간은 진정한 인간, 진리와 자유 속에 들어가는 인간이 되어가는 것입니다.

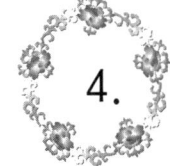 4. 의식이 많아질 때 본능을 초월하게 됩니다

동물들은 본능적인 존재입니다. 그들에게는 의식이 있기는 하지만 아주 적은 분량의 의식을 가지고 있습니다.
하지만 사람 중에도 의식이 부족한 이들이 많이 있습니다. 그들은 동물의 의식보다 그리 발전하지 않은 듯이 보입니다. 그러한 이들도 역시 동물과 비슷하게 육체의 감각과 본능을 중심으로 삽니다.

어떤 이들은 동물을 비하하는 듯한 말에 이의를 제기합니다.
동물도 아름답고 뛰어난 부분이 많이 있다고 이야기합니다.
개가 얼마나 주인에게 충성스러운지 말합니다. 그들은 절대로 배신을 하지 않는다고 말합니다.
그것은 좋은 성품입니다. 하지만 그러한 충성심은 본능에 불과한 것입니다. 주님은 그들에게 주인을 배반할 수 있는 유전자와 의식을 허락하지 않으셨습니다. 그것은 그들에게 주어진 것에 불과합니다. 동물에게도 아름다운 부분들이 있지만 그것은 인간이 본받아야 할 모델은 아닙니다.

동물에게는 의식이 부족합니다. 그러므로 그들은 한계를 가지고 삽니다. 그들은 본능적으로 지혜롭고 본능적으로 충성스럽고 본능적으로 희생적이지만 그것은 본능일 뿐입니다. 그들은 의식이 부족하기 때문에 의식의 잠을 자고 있는 것이며 발전할 수 없는 것입니다.

개와 주인이 산책을 하고 있습니다. 그러다가 주인이 공을 던집니다. 개는 그 순간 공을 향하여 달려갑니다. 개들은 본능적으로 움직이는 물체를 향하여 달려가는 속성을 가지고 있습니다.
옆에서 아이가 뛰어갑니다. 개들은 본능적으로 달려서 따라갈 것입니다. 그들은 추격 본능이 있습니다. 그들은 생각하지 않고 움직이는 물체를 좇아서 달려갑니다.
그것이 본능입니다. 본능에는 의식이 필요 없습니다. 그저 충동으로 움직이고 있는 것입니다.

본능적인 충성심이든 본능적인 지혜이든 거기에는 발전이 없습니다. 의식적인 지혜가 아닌 것은 발전할 수 없는 것입니다.
동물들은 어떤 면에서 인간보다 뛰어난 기능과 지혜를 가지고 있습니다. 그들은 불길한 기운이나 지각의 변동을 느낍니다. 사고가 나기 전에 그 기운을 감지하고 도피합니다. 개미들은 비가 오기 전에 그것을 미리 알고 그들의 집을 흙으로 덮습니다. 그들은 날마다 아홉시 뉴스의 날씨 코너를 시청하지 않는데도 말입니다.
새들이 대학의 건축과를 졸업하지 않고도 나뭇가지를 모아서 집을 짓는 기술은 정말 탁월합니다. 그들은 한번도 그것을 배운 적이 없습니다.
하지만 그들의 탁월함은 거기에서 그칩니다. 새들이 짓는 집은 천년

전이나 지금이나 똑같습니다. 시대의 유행을 따라 선호하는 주택구조가 달라지는 새집은 없습니다. 그들의 지혜는 완벽하지만 의식으로 인한 것이 아니므로 발전하지 못하는 것입니다. 그것이 동물적, 본능적 지혜의 한계입니다.

사람은 영혼과 육체를 가지고 있습니다.
영혼에는 영혼의 의식이 있으며 육체에는 육체의 의식이 있습니다. 지금 말하고 있는 의식은 영혼의 의식을 말하는 것입니다. 육체의 의식은 동물의 의식과 같은 것이며 그것은 본능의 의식을 의미합니다.
즉, 육으로 사는 이들은 동물과 같은 본능으로 사는 것이며 영으로 사는 사람들은 의식으로 살게 되는 것입니다. 의식은 영혼의 한 기능입니다.

오늘날 많은 이들이 의식을 잃어버리고 점점 동물과 가까이 되어가고 있습니다. 그것은 영으로 사는 것을 알지 못하고 육으로 살기 때문입니다.
그들은 단순히 본능을 만족시키려고 합니다. 육체의 쾌락을 대단한 행복으로 여깁니다. 동물처럼 으르렁거립니다. 생각하고 의식을 가지기 전에 화를 냅니다. 건드리면 폭발합니다.
분노 자체가 악한 것은 아닙니다. 그러나 의식으로 그것을 다스리지 못하는 사람은 의식이 잠을 자고 있는 것이며 동물과 비슷한 것입니다. 그것은 의식이 부족한 상태인 것입니다.

사람은 본능적으로 살아서는 안됩니다. 육체의 감각을 지나치게 즐기는 것도 좋지 않습니다. 맛있는 음식을 먹는 것을 삶의 낙으로 삼는 것은 어리석은 일입니다.

오늘날 서구 문명의 영향으로 성적인 만족을 행복의 조건으로 이해하는 이들이 늘어나고 있습니다. 서구 사람들은 좀 더 물질적이며 본능을 추구하는 경향이 있습니다. 하지만 그것은 비참한 삶이며 동물적인 삶이며 영혼을 잠재우는 것입니다.

그것은 진정한 인간의 행복이 아닙니다. 하나님의 형상을 가지고 태어난 인간이 그 정도로 스스로를 낮추어서는 안 됩니다.

의식이 깨어날 때 인간은 동물의 수준을 벗어날 수 있습니다.
의식이 깨어날 때 인간은 본능을 초월할 수 있습니다.
육체가 더럽거나 악한 것은 아닙니다. 다만 의식이 깨어날 때 우리는 몸의 지배에서 벗어나 우리의 몸을 아름답고 귀한 도구로 사용할 수 있는 것입니다.

오늘날 대다수의 사람들은 의식이 너무나 부족합니다. 그래서 낮은 차원의 삶을 살고 있습니다. 낮고 본능적인 영역에 있으면서도 만족하면서 삽니다.

의식은 깨어날수록 많아집니다. 즉, 의식이 많아질수록 우리는 높은 삶을 살게 되는 것입니다. 그리고 더 높은 영역의 삶을 추구하게 됩니다.

동물에게는 도덕심이 없습니다. 그러나 의식이 깨어난 사람은 그의 의식이 깊어질수록 삶은 점점 더 아름답고 거룩하며 도덕적으로도 깊어집니다. 그리하여 하나님의 영광에 이르는 기쁨과 사랑과 행복의 삶을 살게 되는 것입니다.

그러므로 의식의 깨어남은 아주 복된 일입니다. 이를 통하여 우리는 진정한 자유와 격조 높은 삶을 향하여 한 걸음씩 나아가게 되는 것입니다.

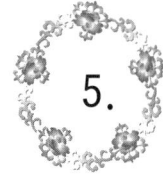 5. 우리는 원하는 것에만 깨어 있습니다

아침에 잠에서 깨어나면 우리는 우리가 깨어있다고 생각합니다.
하지만 그것은 진정 깨어 있는 것일까요? 우리는 하루 종일 깨어서 사는 것일까요?
우리는 하루 종일 많은 거리를 걸으며 많은 것을 봅니다. 하지만 우리는 본 것 중에서 많은 것을 기억하지 못합니다.
우리는 하루 종일 많은 것을 듣습니다. 하지만 우리는 듣는 것 중에서 많은 것을 기억하지 못합니다.
이것은 무엇일까요? 우리의 감각은 부분적으로 깨어있으며 부분적으로 잠을 자고 있는 것입니다.

나는 이 지역에서 10년을 넘게 살고 있습니다. 그래서 동네의 여기저기를 많이 돌아다녔습니다.
하지만 아직도 어디에 무엇이 있는지 잘 기억하지 못합니다. 수 없이 많이 돌아다닌 길인데도 말입니다. 이것은 무엇일까요? 나는 눈을 뜨고 다녔지만 또한 눈을 감고 다닌 것입니다. 이것이 부분적으로 잠을 자고 있는 상태인 것입니다.

우리는 많은 것을 보고 듣습니다. 하지만 대부분의 것들을 기억하지 못합니다. 그것은 우리의 마음이 거기에 있지 않았기 때문입니다.
우리는 여기서 하나의 원리를 발견하게 됩니다. 즉 우리의 몸이 어느 곳에 있을지라도 우리의 마음이 거기에 있지 않다면 우리는 그 곳에서 잠을 자고 있는 것입니다. 우리가 무엇을 보고 있더라도 우리의 마음이 거기에 있지 않다면 우리의 눈은 잠을 자고 있는 것입니다.

나는 영성에 대하여 그리스도의 마음에 대하여 많은 이들에게 이야기를 하였습니다. 그들은 눈을 뜨고 나를 보고 있었고 귀를 열고 나의 이야기를 듣고 있었습니다.
그러나 나는 그들이 잠을 자고 있는 것을 알게 되었습니다. 많은 이들은 전혀 그 이야기를 알아듣지 못했습니다. 그것은 그들의 눈과 귀는 그 자리에 있었지만 그들의 마음은 그 자리에 없었기 때문이었습니다. 마음이 없을 때 그들은 아무 것도 보고 들을 수 없고 깨달을 수 없으며 아무 것도 기억에 남지 않게 됩니다. 그들은 잠을 자고 있는 것입니다.

우리들이 주님의 음성에 대하여 둔하고 주님의 임재에 대하여 둔한 이유도 그와 같습니다. 주님은 우리에게 항상 말씀하시고 항상 우리의 곁에 계시지만 우리는 그분에 대하여 잠을 자고 있는 것입니다. 우리는 다른 것에는 깨어있으면서도 주님께 대해서는 잠을 자고 있습니다. 슬프지만 이것이 대부분의 그리스도인들의 영적 상태입니다.

우리는 관심이 있는 것에 대해서만 깨어있는 것입니다.

우리는 관심을 가지고 있는 것에 대해서만 볼 수 있고 이해할 수 있습니다.
우리의 마음이 없는 것에 대하여 우리는 잠을 자고 있습니다.
그러므로 내가 연신내에 십 년을 살면서도 이 지역에 대해서 잘 모르듯이 우리는 모태신앙이며 평생 주의 일을 하며 평생 신앙생활을 해왔다고 해도 주님을 잘 모를 수가 있는 것입니다. 그것은 주님에 대해서 잠을 자고 있기 때문입니다. 우리의 관심이 세상에 있으며 주님께 있지 않을 때 우리는 주님께 대하여 잠을 자게 됩니다.

나는 많은 그리스도인들의 모임 가운데 주님이 있을 곳이 없는 것을 많이 보았습니다. 그들은 자식에 대한 이야기를 하며 살아가는 이야기를 하며 자신의 고민과 슬픔에 대해서 이야기를 하지만 주님께는 별로 관심을 보이지 않으며 주님의 고독과 아픔에 대해서 관심이 없는 것을 많이 보았습니다.
그것은 그들이 주님의 마음에 대해서 잠을 자고 있음을 보여주는 것입니다. 그들의 몸은 주님과 가까이 있지만 마음은 아주 멀리 있는 것입니다. 그들은 주님을 잘 알고 있다고 생각하지만 사실 그들의 영혼은 주님과 아주 먼 곳에 있습니다.

주님이 사시던 당시에도 많은 이들이 몸으로 주님을 따라다녔고 주님의 말씀을 듣고 있었지만 그들의 마음은 잠을 자고 있었습니다. 그들은 깨어있지 않았습니다. 그래서 그들은 주님의 말씀을 이해할 수 없었습니다.

이것을 생각해봅시다.
어떤 이가 기도를 합니다. 물론 주님께 기도를 드립니다.
하지만 그는 주님을 의식하지 않습니다. 그는 기도를 통해서 자신이 사람들에게 하고 싶은 말을 하고 있을 뿐입니다.
그 때 그의 영혼은 주님께 대해서 잠을 자고 있는 것입니다. 그의 영혼은 오직 자신에 대해서만, 사람들에 대해서만 깨어있습니다.
그는 기도를 마친 후에 생각합니다. 내 기도가 좋았을까? 내 기도는 사람들에게 은혜를 끼쳤을까?
그것이 잠을 자고 있는 것입니다. 그는 기도했다고 생각하지만 그것은 기도가 아닙니다. 그것은 주님을 향하여 깨어있는 것이 아닙니다. 그것은 자신과 사람들에 대해서 깨어있는 것입니다.

그러므로 그의 기도는 주님께 상달되지 않으며 그는 주님의 마음과 음성에 대하여 잠을 자게 되는 것입니다.
그는 주님의 음성을 들을 수 없고 주님의 마음을 느낄 수 없습니다.

우리는 이 사실을 기억해야 합니다. 우리는 우리의 몸이 아니라 마음이 있는 곳에서만 보고 듣고 깨달을 수 있는 것입니다.
그것이 곧 깨어남입니다. 즉 마음이 있는 곳에 깨어남이 있으며 깨어남이 있는 곳에 진정한 인식과 경험, 자유함과 행복이 일어나게 되는 것입니다.

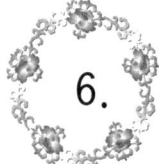 6. 깨어있는 상태와 망각의 상태

우리는 하루 종일 눈을 뜨고 있으며 귀를 열어두고 있습니다. 그러나 모든 것을 보고 듣는 것은 아니며 우리가 원하는 것에 대해서만 선택적으로 보고 듣습니다. 그 외의 것에 대해서는 우리는 보고 듣지만 보이지 않고 들리지 않는 상태, 즉 잠자고 있는 상태를 유지하고 있는 것입니다.

이러한 부분적으로 잠이 들어있는 상태는 우리가 살아가는 방식이기도 합니다. 모든 것을 듣고 보면서 거기에 일일이 다 마음을 둘 수는 없기 때문입니다.

우리는 항상 자는 것과 깨는 것을 반복하며 사는 것과 같이, 인식하는 것과 망각하는 것을 반복하면서 살고 있습니다.

여기서 인식하는 것, 기억하는 것을 깨어있는 것이라고 한다면 망각하는 것은 잠을 자고 있는 것과 같은 것입니다.

잠이 인간의 삶에 꼭 필요한 것이듯이 망각도 인간의 삶에 꼭 필요한 것입니다.

잠을 자지 않는다면 우리는 너무나 피곤해서 제대로 깨어있지 못할 것입니다. 또한 만약 망각하는 능력이 없다면 우리는 살 수 없을 것입니다. 우리의 인식 능력은 더 발전하지 못할 것입니다.

어떤 것을 인식하는 것은 다른 것을 인식하지 않는 것을 의미하는 것입니다. 그것이 바로 집중력입니다.

어떤 사람을 배우자로 사랑한다는 것은 그 외의 모든 이성을 사랑하지 않는다는 것을 의미하기도 합니다. 만약 동시에 여러 이성을 사랑한다면 그것은 진정한 사랑이 아니며 그래서는 결혼을 할 수 없는 것입니다.

그와 같이 깨어있는 것, 선명하게 깨어있다는 것은 충분히 잠을 자고 충분히 망각할 수 있을 때 가능한 것입니다. 이것은 사람이 인식하고 존재하고 살아가는 방식입니다.

우리는 어떤 책을 읽습니다. 그 때 우리는 그 책에 대해서 인식하고 기억합니다. 우리는 그 책에 대해서 깨어있습니다.

그런데 조금 후에 다른 책을 읽습니다. 그 때 우리는 전에 읽었던 책에 대해서 잇어버리고 있습니다. 그 책에 대해서는 망각에 빠지는 것이며 잠을 자고 있는 것입니다.

어떤 이가 10권의 책을 읽었습니다. 그리고 지금 다른 책을 읽습니다. 그는 지금 이 순간 10권의 책에 대해서 잠을 자고 있습니다.

어떤 이가 100권의 책을 읽었습니다. 그리고 지금 다른 책을 읽습니다. 그는 지금 이 순간 100권의 책에 대해서 잠을 자고 있는 것입니다.

이것은 우리의 경험이 많아질수록 우리에게 망각이 필요하며 우리가 많은 의식의 잠을 자고 있다는 것을 보여줍니다. 우리가 새로 배우고 새로 경험할수록 우리는 이전 것들에 대해서 잠을 잡니다.

물론 필요할 때는 우리의 안에서 잠을 자고 있는 것들은 깨어날 것입니다.
하지만 우리 안에서 잠을 자기만 할 뿐 깨어나지 못하고 있는 것들도 많이 있습니다. 시간이 흐르고 세월이 지날수록 우리 안에 있는 많은 것들은 불확실해집니다. 우리의 의식에 명료함은 사라지고 많은 순간에 혼미함이 옵니다.

사람들은 자신들이 깨어있다고 생각합니다.
그러나 대부분의 사람들은 혼미함과 어두움 속에 살고 있습니다. 그저 멍한 상태에 있는 것입니다. 많은 것을 보고 듣고 경험하면서도 아주 일부의 것들에 대해서만 보고 깨달을 뿐입니다. 세월이 흐를수록 이 혼미함은 점점 더 깊어가게 되고 점점 더 깊은 잠에 빠지게 됩니다. 그리고 나중에는 깨어나지 않는 잠을 자게 됩니다.

문제는 이것입니다. 우리는 많은 것을 인식하고 있는 것 같지만 사실 가장 중요한 자기 자신을 잃어버리고 있다는 것입니다.
우리는 열심히 일을 하지만 일하는 자가 누구인지 모릅니다.
우리는 책을 읽든 영화를 보든 사랑을 하든 그 행위에 빠져서 자신을 잃어버립니다.
하루 종일 연극을 하던 배우가 밤에 집에 들어가 분장을 지우고 옷을 갈아입으면서 거울에 비친 자기의 모습에 깜짝 놀랐다는 글을 읽어본 적이 있습니다. 그는 말합니다. '아, 이게 나였지! 내가 여기 있었구나!

사람들은 그렇게 자신을 잃어버리고 삽니다. 본능적으로 습관적으로 살뿐입니다. 깨어있는 것 같지만 잠을 자고 있으며 깨어있는 것 같지만 꿈속에서 움직이는 것 같이 살고 있는 것입니다.

이것은 단순히 언어의 유희일까요?
아닙니다. 그렇지 않습니다.
잠을 자고 있는 상태와 깨어있는 상태는 분명히 다릅니다.
술 취한 상태와 맑은 정신을 가지고 있는 상태는 분명히 다른 것입니다.
꿈속에서 움직이는 것과 깨어서 움직이는 것은 분명하게 다른 세계인 것입니다.
당신이 깨어날수록 당신은 그 차이를 알 수 있게 될 것입니다. 당신은 전에 잠들어 있었으며 잠 속에서 몽유병자처럼 움직였었습니다. 그러나 이제 깨이니게 되고 새로운 지각이 일어나게 될 때 당신은 그 차이를 분별할 수 있게 될 것입니다.
그리고 다른 사람들이 잠을 자고 있는지 깨어있는지도 분별할 수 있게 될 것입니다.
왜냐하면 당신의 감각은 전혀 새롭게 되기 때문입니다.

7. 영혼을 잠재우는 도구들

언젠가 비가 몹시 쏟아지고 있는 날 우산을 쓰고 길을 걸어가고 있었습니다.
길을 걷다가 우스운 모습을 보았습니다.
어떤 아이가 슈퍼마켓 앞에 놓여있는 조그만 게임기 앞에 앉아서 비를 맞으면서 게임에 몰두하고 있었습니다. 머리에 무엇인가를 덮기는 했지만 거의 비를 맞고 있는 상태였습니다.

그 모습을 보고 어처구니가 없기도 하고 가련하기도 했습니다. 비를 저렇게 맞으면 감기가 걸릴 텐데, 춥지는 않은지, 하는 생각이 들었습니다.
하지만 그 아이는 자신이 추운 것을 느끼지 못할 것입니다. 자신이 비를 맞고 있다는 것도 알지 못할 것입니다. 그는 지금 게임에 몰입하고 있기 때문입니다.
그것이 바로 잠을 자고 있는 상태입니다. 잠을 자고 있을 때는 아무 것도 느낄 수 없습니다.

게임에 몰두하는 것은 잠을 자고 있는 것입니다. 그것은 일종의 최면술에 걸려있는 상태와 비슷합니다. 게임에 대한 것에만 깨어있으며 다른 모든 것에 대해서는 닫혀있고 잠을 자고 있는 상태이기 때문입니다.

그는 바깥에서 전쟁이 난다해도 그것을 인식하지 못할 것입니다. 내일 학교에서 시험이 있다고 해도 그것에 대한 부담을 느낄 수 없을 것입니다. 집에 가서 부모님께 야단을 맞을 지도 모르지만 그는 아무 것도 느낄 수 없을 것입니다. 그는 지금 잠을 자고 있기 때문입니다. 그의 모든 감각은 지금 죽어있습니다.

게임은 사람을 동물로 만드는 것입니다. 아주 단순한 존재로 만듭니다. 기계적인 존재로 만듭니다. 아이는 비를 맞든 말든 온 힘을 다해 얼굴이 뻘개져서 미친 듯이 손을 사용해서 키를 눌러댑니다. 그의 손은 기계적으로 움직입니다.

그의 머리는 멍청해집니다. 본능은 발달하고 영혼은 병이 듭니다. 그는 지금 잠을 자고 있으며 무감각의 세계 속에 갇혀있습니다.

그것은 마약을 하는 사람과 비슷합니다.

본인은 환상의 세계, 빛나고 아름다운 세계에서 황홀한 경험을 하고 있습니다. 그러나 옆에서 보면 그는 벽에다 머리를 기대고 꿈꾸는 듯한 표정으로 입에서 침을 흘리고 있습니다. 그는 잠 속에 빠져 있습니다. 꿈속에 빠져있습니다. 그래서 자신을 인식할 수 없습니다.

게임에서 깨어나고 잠이 깨면 그는 허무함을 느끼게 될 것입니다. 그는 오래 동안 잠을 잤기 때문에 이 현실 세계, 깨어있는 세계에 적응하기 어렵게 됩니다. 그래서 그는 다시 잠을 자기 위해서 게임의 세계에 들어갑니다. 그리고 바깥 세계의 문을 닫습니다. 그는 다시 행복한 잠 속으로 빠지게 됩니다. 감각의 세계, 쾌락의 세계, 그리고 영원한 파멸이 기다리고 있는 세계를 향해 나아가고 있는 것입니다.

그것은 도박도 비슷합니다. 도박에 빠진 사람들도 무지와 쾌락의 잠 속에 빠져듭니다. 그들은 윤리와 의무감과 양심의 소리와 모든 것을 잠재우고 오직 쾌락과 도피에만 깨어있습니다. 그들은 잠이 들어있기 때문에 아무 것도 보지 못하고 듣지 못하는 것입니다. 그들은 환상의 세계에서 삽니다.

텔레비전에 중독된 이들도 상황은 비슷합니다.
드라마에 빠져서 몰두하고 있는 이들도 비슷합니다.
그들도 비슷한 꿈을 꿉니다.
바깥 세계에 대해서 잠을 자며 허상에 빠져서 그것이 실제인 것으로 생각하고 즐거운 꿈을 꾸려고 합니다.
그들은 자유로운 사람들일까요?
아닙니다. 그들은 노예들에 불과합니다.
그들은 연출자가 시키는 대로 행동하는 사람들입니다.
프로그램을 연출하는 사람이 사람을 울게 하려고 한 곳에서 그들은 눈물을 흘립니다. 연출자가 사람을 웃기려고 의도한 곳에서 그들은 웃습니다.
그들은 자유인일까요? 아닙니다. 그저 로봇일 뿐입니다.
웃으라면 웃고 울라면 웁니다. 화를 내라면 화를 내고 두려워하라

하면 두려워합니다. 그들은 끌려 다니는 노예일 뿐 자유인이 아닌 것입니다.
그들은 자기를 잃어버리고 로봇이 됩니다. 그리고 그 노예의 행복을 다시 느끼고 싶어서 다음 방영시간을 기다립니다.

오늘날 이와 같이 사람의 정신을 잃어버리게 하는 도구들은 엄청나게 많이 있습니다. 아니, 이 세상 자체가 우리의 영혼을 잠재우는 것들로 가득합니다. 그렇기 때문에 영혼이 깨어있고 진정 가치 있는 것들을 사모하고 영원을 추구하는 이들이 드문 것입니다. 그들은 그러한 것들에 취해서 잠에 빠져 있기 때문에 무엇이 진리인지 무엇이 추구할 만한 것인지 분별할 수 없습니다.
그러한 모든 장치들은 사람의 영혼을 어둡게 합니다. 잠이 들게 합니다. 그래서 인간을 동물적인 존재로 만드는 것입니다. 그렇기 때문에 우리는 깨어 일어나야 합니다.

나에게는 중학생과 고등학생인 두 아이들이 있습니다. 나는 그들에게 말합니다.
"컴퓨터 게임을 하는 것이나 텔레비전 보는 것을 좋아하지 말아라. 무조건 하지 말라는 것은 아니다. 다만 거기에 빠지면 너 자신을 잃어버리고 동물적인 사람이 될 것이다."
중학생인 딸이 물었습니다.
"아빠가 독서는 좋다고 하셨죠? 그럼 책만 열심히 보면 되는 건가요?"
"물론 책을 읽는 것은 좋다. 하지만 거기에도 너무 빠지면 안 된다. 자신을 잃어버리지 말아야 한다. 책이 자신을 사로잡지 않고 자신이 책을 읽는 존재가 되어야 한단다."

딸은 다시 물었습니다.
"자신을 잃어버리지 않는다는 것이 무슨 의미예요?"
"책에 빠져서 저자가 원하는 대로 그대로 끌려가지 말라는 것이지. 어디까지나 너 자신이 주체적이 되어 생각하고 느끼고 판단하라는 것이다. 책을 읽으면서도 자신을 느껴야 하고 주님을 붙잡아야 한단다. 텔레비전이나 게임보다는 낫겠지만 독서도 빠지게 되면 사람을 노예로 만들 수 있단다."
"아하, 조금 알 것 같아요."

무엇에 몰두하고 있는 것은 다른 것에 대해서 잠을 자고 있는 것입니다. 그것은 꿈속의 삶입니다. 그러므로 거기서는 바른 깨달음과 인식을 가지기 어렵습니다.
나는 어떤 책을 읽고 흥분한 이들을 많이 보았습니다. 심지어 내 책을 읽고 지나치게 감격하고 빠진 이들을 많이 보았습니다.
그러한 이들에 대해서 나는 경고하곤 했습니다. 그것은 은혜를 받은 것이 아니고 일종의 흥분 상태에 있는 것입니다. 잠을 자고 있는 것입니다. 그들은 조금 후에 잠이 깨어나게 되면 이전에 읽고 느낀 감동에 대해서 까맣게 잊어버리게 됩니다.

그렇다면 잠 속에서 느끼고 은혜를 받는 것과 깨어난 상태에서 진정 깨닫고 느끼는 것과는 어떤 차이가 있을까요?
그것은 분명하게 다릅니다. 나는 책을 읽거나 집회에서 은혜를 체험하고 정말 영적인 실제를 경험한 사람과 잠시 감격과 흥분상태와 환상에 빠져있는 사람을 구분할 수 있었습니다. 그러나 그것을 언어로 표현하는 것은 쉬운 일이 아닙니다.

당신의 인식력이 증가될 때, 당신의 깨어남이 좀 더 선명해질 때, 당신은 그것을 분별할 수 있게 될 것입니다. 지금으로서는 조금 더 진도를 나가는 것이 필요할 것 같습니다.
이 장에서는 이 세상에 사람의 영혼을 잠자게 하여 물질화, 동물화 시키는 요소들이 너무나 많이 있다는 것을 인식하는 것으로 충분합니다.
그러므로 깨어있어서 자기의 영혼을 지키며 참다운 인식과 깨달음의 길로 나아가는 것이 너무나 중요하다는 것을 충분히 이해하셨으면 하는 것입니다.

8. 본능의 길을 벗어날 때 영혼이 깨어납니다

사람을 단순하게 만드는 도구들은 참으로 많이 있습니다.
단순한 것은 좋은 것입니다. 그러나 사람을 본능적으로 만드는 단순함은 좋지 않습니다. 그것은 사람을 바보로 만드는 것입니다.
진리는 단순한 것입니다. 그러므로 진리로 이르는 단순함은 좋은 것입니다. 그러나 본능으로 인도하는 단순함은 좋지 않습니다. 본능이란 낮은 것이기 때문입니다.
그러므로 사람의 본능을 자극하고 이끄는 것은 사람의 영혼을 마비시키고 잠재우는 것입니다.

오늘날 본능을 자극하는 도구를 만드는 사람들은 대중의 수치심을 없애려고 노력합니다. 그래서 사람들을 부끄러움을 모르는 사람으로 만들기 위해서 애를 씁니다. 좀 더 많은 사람들을 동물로 만들수록 그들은 지배권을 행사하고 이득을 취할 수 있기 때문입니다.
벌거벗는 것은 부끄러운 일입니다. 결혼 생활의 밖에서 이루어지는 성은 부끄러운 것이며 죄악입니다. 미니스커트나 배꼽티와 같은 것은 바른 영과 양심을 가지고 있는 이들은 입을 수 없습니다. 그리스도인들이라면 누구나 주님 앞에서 그러한 옷을 입을 수 없을 것입니다.
그러나 어리석은 사람들은 잠을 재우는 사람들에 의해서 점점 더 양심이나 영적 감각이나 수치심이 마비되어 갑니다. 그리하여 그들은 동물에 가까워집니다. 그들은 잠을 자고 있는 것입니다. 그들은 영적 세계에 대해서 점점 더 무지하고 둔해집니다. 이는 그들이 잠들어 있기 때문입니다.

오늘날 대중매체는 사람들을 점점 더 동물의 수준으로 떨어뜨리려고 노력합니다. 돈과 인기를 위하여 벌거벗는 이들은 점점 더 늘어납니다. 그들은 혼자만 멸망하는 것이 아니라 많은 이들을 어둠 속으로 떨어뜨립니다. 영혼을 마비시키며 영혼의 잠을 재우고 육과 본능으로 충실하도록 인도합니다. 그 길은 멸망과 재앙의 길입니다.

그리스도인들은 깨어 있어야 합니다. 동물의 세계로 가는 길에서 벗어나야 합니다. 일단 잠이 들면 자기가 무엇을 하는지 알 수 없습니다. 어둠 속에서는 아무 것도 보이지 않기 때문입니다.
우리는 본능의 세계를 넘어서야 합니다. 영혼이 눈뜰 때 본능을 다스릴 수 있습니다. 그럴 때 비로소 본능과 육체는 아름다운 것이 될 수 있습니다.
부디 이 세대가 가는 길을 따라가지 마십시오. 많은 이들이 걸어가는 길을 따라 가지 마십시오. 다른 이들이 멸망의 길로 간다고 해서 당신까지 그 길에 동참할 필요는 없습니다.
깨어나는 길은 거룩하고 아름답고 영광스러운 길입니다. 많은 유혹을 물리치고 깨어날 때 그는 비로소 영광의 과실을 취할 수 있을 것입니다.

9. 깨어날 때 영의 상태를 볼 수 있습니다

잠을 자고 있는 사람들은 자신의 모습을 볼 수 없습니다. 자신의 상태를 느낄 수도 없습니다.
꿈을 꾸고 있는 사람들은 실제가 아닌 것을 실제라고 착각합니다. 어떤 이가 꿈속에서 사랑하는 이의 팔을 붙들었다고 생각하지만 실제로는 자기의 베개를 붙잡고 있습니다. 깨어나기 전까지 그는 그러한 착각 속에 머물러 있을 것입니다.

나는 불신자를 만날 때보다 믿는 사람들, 영적 지도자의 위치에 있거나 자신의 신앙이 좋다고 생각하는 사람들과 같이 있을 때 더 영적으로 힘들고 탈진이 될 때가 많았습니다.
불신자들은 주님과 상관이 없는 삶을 살고 있지만 대체로 믿는 자들은 주님을 찌르고 괴롭게 하는 이들이 많이 있었기 때문입니다.
하지만 잠을 자고 있는 이들은 자신이 주님을 아프게 한다는 사실을 알지 못합니다. 자신은 주님을 위해서 살았으며 상을 받을 것이라고 생각합니다. 그리하여 종일 주를 위하여 일하고 수고와 더위를 견딘 자기들에게 상을 많이 주지 않는다고 원망합니다.(마20:12)
그들은 잠을 자고 있기 때문에 자신의 상태를 보지 못하고 있는 것입니다. 그러한 원망과 불평은 그들의 영적인 위치가 주님과 아주 먼 곳에 있음을 보여줍니다.

영적으로 잠을 자고 있는 이들은 자신의 영적 상태를 알지 못합니다.
나는 어떤 이에게 말했습니다.
"마음이 참 불안한 상태에 있군요."
그녀는 놀라서 말했습니다.
"그래요? 제 마음은 평안한데요."
그녀의 중심에는 불안이 가득했지만 그녀는 그것을 알지 못했습니다.

나는 어떤 이에게 물었습니다.
"왜 그렇게 긴장하고 있지요? 화가 많이 났군요."
그는 놀라서 대답합니다.
"제가요? 저 화 안 났는데요."
그들은 자기 안에 무엇이 있는지 알지 못합니다. 실제로 현실에서 분노가 폭발되고 나타나야 그는 비로소 그것을 느끼게 됩니다.

나는 어떤 이들이 울면서 주님께 대한 사랑과 애정을 고백하고 헌신할 때 그들의 안에서 움직이는 울분과 이기심과 실족의 기운을 느끼곤 합니다.
한 주일 후에 그들은 사소한 일에 넘어지고 좌절하며 웁니다.
그들은 과연 한 주일 후의 사건 때문에 넘어진 것일까요?
아닙니다. 실족의 영, 기운은 한 주일 전에 이미 그에게 있었습니다.
그러나 잠을 자고 있는 이들은 그것을 보고 느끼고 알지 못하는 것입니다.

베드로가 주님께 말했습니다.
"주님. 제가 주님을 위해서 감옥에도 갈 것입니다. 제가 죽을지언정 주님을 부인하지 않겠습니다."
그러나 주님은 베드로가 그렇게 말하는 순간에 그의 안에 이미 실족의 기운이 있는 것을 알고 계셨습니다.
베드로는 사람들의 질문 때문에 실족한 것일까요? 아닙니다. 실족의 기운은 이미 그의 안에 있었습니다.
주님은 사람의 중심을 보시므로 그가 실족할 것과 또한 회복될 것을 아셨습니다. 그와 같이 미래는 우리의 안에 이미 존재하고 있는 것입니다. 그것은 우리의 영혼에 기록되어 있습니다. 영이 깨어있는 이들은 그것을 발견할 수 있을 것입니다.

잠을 자고 있는 사람들은 자기의 상태를 보지 못합니다.
그래서 모든 것이 남 때문이며 환경 때문이라고 말합니다.
그들은 자기의 안에 어떤 것이 있으며 그 기운이 어떻게 미래와 환경을 끌어당기는지 보지 못합니다. 그들은 잠을 자고 있어서 진정한 것을 보고 인식하지 못하고 있는 것입니다.
그러므로 우리는 깨어나야 합니다.
우리는 깨어날 때 비로소 모든 것을 볼 수 있게 됩니다. 그림자가 아닌 실체를 보게 됩니다. 그렇게 깨어날 때 사람들은 오직 자신의 생각과 영을 지키기 위해서 조심하게 됩니다. 왜냐하면 생명의 근원이 거

기에서 나기 때문입니다.(잠4:23)

그러므로 우리는 오직 우리의 의식과 영이 깨어나기를 사모하여야 합니다. 그것은 새로운 탄생, 새로운 창조가 시작되는 것과 같습니다. 우리가 모든 것을 새롭게 보고 새롭게 인식하기 시작할 때 그것은 새 인생이 시작되는 것과 같은 것입니다.

부디 깨어나십시오.
그것은 진정한 행복입니다.
깨어날수록 당신은 자신을 알게 되며 남을 알게 되며 삶을, 많은 것들을 이해하고 볼 수 있게 될 것입니다.

 10. 욕망이 시작되는 곳

우리는 자유롭게 살고 있는 것일까요? 겉보기에는 그렇게 보입니다. 우리는 우리가 원하는 대로 선택을 하고 결정을 하고 움직입니다. 우리는 우리의 안에서 일어나는 소원과 욕구를 따라 움직입니다.
하지만 그러한 결정과 욕구는 우리에게서 나오는 것일까요?
그것은 과연 우리에게서 일어나는 것일까요? 외부에서 온 생각이나 욕망은 아닐까요?

심리학자들이 극장에서 이런 실험을 한 적이 있었습니다. 그들은 잠재의식이 사람의 행동에 미치는 영향을 연구하고자 했습니다.
그들은 영화의 필름 속에 순간적으로 스치고 지나가는 작은 한 장의 사진을 집어넣었습니다. 그 사진은 햇볕이 뜨겁게 내리쬐고 있는 사막 한 가운데에서 땀을 뻘뻘 흘리고 있는 한 사람이 시원하게 콜라를 마시며 목을 축이는 모습이었습니다.
물론 그 사진은 육안으로는 분별할 수 없었습니다. 아주 빠른 속도로 지나가는 그림 속에 살짝 포함되었기 때문입니다.
그러나 육안에는 보이지 않았지만 그 그림은 잠재의식에는 포착이 되었습니다. 그리고 그 실험은 큰 효과를 일으켰습니다. 그 극장의 매점에서 코카콜라의 판매 비율이 갑자기 급등했던 것입니다.

관객들은 갑자기 속에서 코카콜라를 마시고 싶다는 충동을 느꼈던 것입니다. 그 충동은 어디에서 온 것일까요? 그것은 실험하는 이들이 미리 준비해둔 장치에 의한 것이었습니다.

이 실험을 보면 과연 우리는 외부의 주입이나 세뇌로부터 얼마나 자유로운가를 생각하지 않을 수 없을 것입니다.

우리 안에서는 쉬지 않고 어떤 욕망이나 충동이 떠오릅니다. 그러나 그것은 순수하게 우리 안에서 일어난 것일까요? 그렇지 않습니다.

우리는 텔레비전에서 나오는 맛있어 보이는 음식을 보고 그것을 먹고 싶다는 충동을 받게 됩니다. 동영상에서 보이는 멋진 옷을 보고 그것을 사서 입고 싶다는 욕망을 얻게 됩니다. 그것은 우리의 자유로운 선택일까요? 아닙니다. 그것은 세뇌에 지나지 않은 것입니다. 그것은 일종의 강요입니다. 우리는 그렇게 다른 이들이 시키는 대로 끌려가고 있는 것입니다.

텔레비전이나 동영상이나 잡지와 같은 문화 매체뿐일까요. 이 세상에는 많은 상념들이 움직이고 있습니다. 우리는 우리가 알지 못하는 사이에 그러한 상념들, 욕망들에 노출될 수 있습니다.

그리하여 그렇게 들어온 개념이나 사상, 욕망은 우리를 움직여 갑니다. 그것은 우리의 자유로운 선택일까요? 그렇지 않습니다. 우리는 잠을 자고 있는 채로 끌려가고 있는 것입니다.

우리는 노예가 되어서는 안 됩니다. 알지 못하는 사이에 세뇌가 되어

1부 의식의 깨어남이란 무엇인가 45

서 끌려 다녀서는 안 됩니다.

우리는 우리 삶의 주인이 되어야 합니다. 오직 우리를 지배하시고 다스릴 분은 주님 밖에 없습니다. 우리는 오직 주님의 사랑의 통치만을 사모해야 합니다.

의식이 깨어날수록 우리는 우리 안에 과거에 알지 못했었던 묶임이 많이 있었다는 사실을 발견하게 될 것입니다. 꿈에서 깨어난 후 우리는 그것이 꿈이라는 것을 알게 되고 다시는 속지 않을 것이라고 결심하게 될 것입니다. 더 이상 환상에 빠지지 않겠다고 결단하게 될 것입니다.

깨어날수록 모든 것들은 분명해집니다.

우리는 자유인이 될 수 있습니다.

그러나 자유인이 되기 전에 먼저 우리는 우리가 과거에, 지금까지 속아서 살아왔으며 꿈속에서 있었고 잠을 자고 있었다는 사실을 발견해야 하는 것입니다.

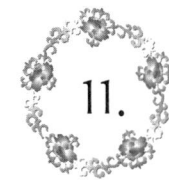 # 11. 의식의 수준

의식에는 수준이 있습니다.
의식이 어느 정도의 수준에 있느냐 하는 것은 의식이 얼마나 있는가 하는 것과 같습니다.
이것을 잠자는 것으로 설명할 수 있습니다.
깊은 잠에 빠진 사람은 전혀 의식이 없습니다. 이것은 거의 의식이 없는 사람의 상태를 보여줍니다.
얕은 잠에 빠진 사람은 약간의 의식을 가지고 있습니다. 이들은 어느 정도 주위의 소리나 상황을 인식할 수 있습니다.
깨어있는 사람은 온전한 의식을 가지고 있습니다. 그는 모든 것을 보고 듣고 인식하고 판단할 수 있습니다.

첫 번째 상태의 사람은 의식이 거의 없는 상태로 동물적 수준의 의식을 가지고 있습니다.
이들은 본능에만 민감합니다. 무엇을 먹을까 무엇을 입을까 에만 그의 의식이 집중되어 있습니다.
이들은 아주 단순한 사람들입니다. 이들은 보이는 세계만 인식하며 보이지 않는 세계는 무시합니다. 알 수가 없기 때문입니다.
이들은 겉 사람이 발달되어 있기에 체력적으로는 강건합니다.

이들의 의식은 겉 사람 중심입니다.

이들은 신앙생활을 해도 눈에 보이는 외적인 복을 구할 뿐입니다. 이러한 사람들이 사역자라면 건물을 크게 짓고 사람들을 많이 모으는 것을 지상의 목표로 삼을 것입니다.

이들의 의식은 단순하고 본능적이기에 동물과 같이 약육강식의 특징을 가지고 있습니다. 즉 이들은 강하고 권세 있는 자에게 약합니다. 그리고 약하고 힘없는 자를 우습게 여깁니다.

이러한 이들은 거의 의식이 잠자고 있는 것과 같습니다. 이들의 관심은 거의 바깥쪽에 머물러 있기 때문에 이들에게는 내면세계와 내적인 생명의 깨어남을 거의 경험하기 어렵습니다.

이들 가운데 어떤 이들은 강퍅하며 어떤 이들은 선량합니다. 그러나 어느 쪽이든 이들은 좀 더 깊은 곳으로 발전해가기 어렵습니다. 이들은 대부분의 삶을 바깥 세계에서 무지 가운데 살게 됩니다.

이들은 천국의 영광과 내면세계의 찬란함을 인식하기가 거의 어렵습니다. 다만 이들도 겉 사람의 소원과 욕망이 파괴되며 육신이 거의 약해지고 허물어지게 되는 인생의 말년이 되면 약간의 깨우침과 빛을 얻게 될 것입니다.

두 번째 영역의 사람들은 중간의 위치에 있습니다. 이들은 바깥쪽보다는 좀 더 안쪽에 있습니다.

이들은 어느 정도 내부 의식을 가지고 있습니다. 이들은 육체의 영역 속에 빠져 있기도 하지만 그것을 통해서 진정한 만족을 얻지는 못합니다.
첫 번째 영역의 사람들이 육신의 일을 통해서 기쁨을 얻는 것에 비해서 이 영역의 사람들은 육신에 속한 즐거움을 경험한 후에는 곧 후회합니다.

이들은 첫 번째 영역의 사람들보다는 조금 더 의식을 가지고 있습니다. 약간 더 깨우침을 가지고 있습니다.
첫 번째 영역의 사람들은 거의 반성을 하지 않지만 두 번째 영역의 사람들은 조금 반성을 합니다.
그들은 내면의 은총에 대해서 약간은 알고 있습니다. 그리고 그 세계를 맛보고 은혜 가운데서 더 자라기를 원합니다.
그러나 이들도 그 빛의 세계로 꾸준히 나아가지는 못합니다.
이들은 아직도 육의 영역에 있으며 여전히 세상 일로 염려하고 육체의 일에 메여 있습니다. 이들은 잠시 은혜에 잠기기는 하지만 그리 오래 가지는 않습니다.

세 번째 영역의 사람들은 이제 영혼이 눈을 뜨고 조금씩 의식이 일어나는 사람들입니다. 이들은 가장 많은 의식을 가지고 있습니다. 이들은 점차로 자유함의 세계를 알게 됩니다. 이들은 육체를 초월할 줄 알며 욕망에서 벗어날 줄 알고 죄에서의 해방을 어느 정도 경험합니다. 그것은 그들의 의식이 빛을 받았기 때문입니다.
이들은 말씀과 신앙을 이론으로 이해하지 않고 실제로 경험합니다. 그러나 이러한 이들은 아주 소수에 불과합니다.

의식이 깨어나는 것은 캄캄한 어둠 속에 있는 사람이 빛을 받는 것과 같습니다. 그 빛의 밝기는 의식의 수준에 달려있는 것입니다. 어떤 이는 캄캄한 동굴과 낭떠러지가 있는 산을 그저 암흑상태로 갑니다. 어떤 이는 작은 전등을 들고 갑니다. 그리고 어떤 이는 밝은 대낮의 빛 속에서 갑니다. 어떤 사람이 안전한 여행을 할 수 있는지는 뻔한 것입니다. 우리에게는 좀 더 밝은 빛이 필요합니다.

의식이 어둠 속에 있는 이들과는 아무런 대화를 나눌 수 없습니다. 그들은 진리에 대한 많은 이야기를 들어도 아무 것도 깨닫지 못합니다. 그들은 진리에 대해서 감각이 없습니다. 그들은 진리의 인식에 대해서 잠을 자고 있는 상태입니다. 이들과는 내적이고 깊은 대화가 가능하지 않습니다.

이들의 의식은 동물과 같기 때문에 이들은 오직 사랑에 대해서만 분별할 수 있습니다. 이들은 오직 상대방이 자기 편 인지 아닌지에 대해서만 민감합니다. 그러므로 이들에게는 진리를 전하는 것이 아니라 단순하게 그저 사랑해주어야 합니다. 이들은 그 이상을 먹을 수 없기 때문입니다.

의식이 명료하게 깨어나는 것은 얼마나 아름답고 복스러운 것인지 모릅니다. 모든 의문은 밝아지기 시작합니다. 많은 것들이 깨달아지기 시작합니다.

하나 하나 경험하고 깨닫게 되는 진리의 세계가 너무나 황홀하게 느껴집니다. 깨달음의 빛이란 너무나 아름다운 것이며 사람으로 하여금

짐승의 껍질을 벗고 욕망의 껍질을 벗고 하나님의 형상으로 드러나게 하는 놀라운 역사를 일으키는 것입니다.

의식이 깨어날수록 그는 더 깊은 진리를 사모하게 됩니다.
이전에는 진리에는 관심도 없고 오직 현실의 유한한 문제를 해결하는 데에만 목숨을 걸었던 사람들이 이제는 더 깊은 갈망과 갈급함을 느끼게 됩니다. 눈을 뜬 사람은 더욱 더 눈을 뜨고 싶어하며 더욱 더 명료한 세계를 그리워하게 됩니다.

의식에는 여러 수준들이 있습니다. 더 많은 의식을 얻게 되고 깨우침을 얻게 될 때 그것은 진정 놀라운 행복입니다.
사모함이 깊어지고 깨우침이 깊어질수록 우리는 천국의 그 빛, 그 영광에 가까워지게 될 것입니다. 그리고 더 깊이 주님과 천국의 영광을 사모하게 될 것입니다.

 12. 지적인 능력과 의식의 깨어남과의 차이

의식이 있는 것과 지적인 능력이 있는 것은 다른 것입니다.
지적인 능력과 의식의 깨어남은 같은 것이 아닙니다.
사춘기가 되면 청소년들은 생각이 많아집니다. 자의식이 생겨나게 됩니다. 자신의 미래나 인생에 대해서 진지한 고민을 하게 됩니다.
최근에는 물질적인 가치관과 문화의 번성으로 인하여 이와 같이 자기인식이 깨어나는 시간이 조금 늦어지는 것 같습니다. 어쨌든 이러한 것도 깊은 것은 아니지만 의식의 깨어남의 일종이라고 할 수 있습니다.
이와 같은 의식의 깨어남은 새로운 인식이 생기는 것이며 지식이 많아지는 것은 아닙니다.

어떤 이는 지식은 많으나 의식은 부족합니다. 예를 들어서 눈치가 없는 사람이 있습니다. 지식도 많고 상식도 많은 데 눈치가 부족합니다. 그래서 분위기가 아닌 곳에서 전혀 상황에 맞지 않는 이야기를 합니다. 그것이 눈치가 없는 것입니다. 이 경우에 그는 지식은 있으나 의식이 부족한 것입니다.

언젠가 아주 머리가 좋고 영리한 사람이 다른 사람과 다투는 것을 보았습니다. 그런데 이 사람은 명문대 법대를 나오고 아주 똑똑한 사람이었는데 전혀 상황에 맞지 않는 이야기를 하는 것을 보았습니다.

그의 말은 논리적으로 전혀 하자가 없었습니다. 그러나 문제는 지금 상대방은 그의 이야기를 들을 의사가 전혀 없다는 것이었습니다. 그런데 그는 상대방이 듣든지 말든지 자기의 논리를 계속 펼쳐나가고 있었습니다.

그것이 바로 눈치가 없는 것입니다. 그는 논리에 대해서는 옳았지만 사람의 마음에 대해서는 전혀 이해하지 못했습니다.

나는 그가 나중에 결혼 생활에 많은 어려움을 겪는 것을 보았습니다. 사람의 마음을 이해하고 감지하지 못한다면 대화가 불가능하며 여러 어려움이 생길 것은 지극히 당연한 일입니다. 이러한 것이 바로 의식이 부족한 것입니다.

전혀 복음을 전할 수 있는 분위기가 아닌 상황에서 복음을 전하는 사람들이 있습니다. 그들은 정말 훌륭한 신앙인일까요?

유감이지만 아닙니다. 그들의 그러한 태도는 오히려 역반응을 일으킬 뿐입니다. 그들은 핍박과 무시를 당하게 되는데 그것은 결코 십자가라고 할 수 있는 것이 아닙니다. 그들은 지혜를 배워야 합니다. 의식이 깨어나야 하는 것입니다.

주님도 복음을 전할 때 비둘기 같이 순결하고 뱀처럼 지혜로워야 한다고 말씀하셨습니다.

의식이 깨어나고 사람의 마음을 이해하고 알고 지혜로울 때 우리는 아름다운 복음의 열매를 맺게 됩니다. 열심은 많지만 지혜롭지 못하고 의식이 어둠 속에 있는 사람은 좋은 열매를 맺기 어렵습니다.
어떤 우주인에 대한 이야기를 읽은 적이 있습니다. 여기서 우주인은 외계인을 말하는 것이 아니라 우주선을 타고 우주여행을 경험했던 과학자를 말하는 것입니다.
우주인 가운데 엘드린이라는 사람이 있었습니다. 그는 수학적인 두뇌는 천재적인 사람이었습니다. 다른 우주 비행사들은 엄청나게 복잡한 계산과 작동을 모두 컴퓨터에게 맡겨두고 있었습니다. 로켓이 랑데부하는 순간의 궤도의 변화와 속도 변화, 그에 따르는 복잡한 계산은 사람이 수동으로 할 수 있는 것이 아니었습니다. 그러나 엘드린은 그것을 직접 수동으로 컴퓨터의 도움을 받지 않고도 프로그래밍 할 수 있는 사람이었습니다.
우주여행 시에 만약에 무슨 돌발적인 일이 생겨서 컴퓨터가 작동하지 못하게 되었을 때 엘드린은 살아있는 한 대의 컴퓨터와 같은 존재였습니다. 그는 우주 항법으로 박사학위를 받은 천재였습니다.

한번은 우주 비행사 동료인 커닝햄이 그를 저녁 식사에 초대한 적이 있었습니다. 그런데 갑자기 약속 시간에 일이 생겨서 커닝햄은 그 시간에 집에 올 수 없게 되었습니다.
엘드린이 그의 집에 도착했을 때 커닝햄의 부인은 엘드린에게 사정 이야기를 하고 지금 커닝햄이 집에 없다고 전해주었습니다.
상식적인 사람이라면 엘드린은 인사를 하고 돌아갔을 것입니다. 그는 이 부부와 그다지 친한 사이도 아니었습니다.
하지만 그는 융통성이 없고 정확한 사람이었습니다.

그는 초청한 친구가 집에 있던 없던 상관하지 않고 집으로 들어갔습니다. 그리고 저녁을 대접받고 차를 마시며 밤늦게 까지 있었습니다. 그것이 당초의 약속이었기 때문에 그렇게 했던 것입니다.

그 뿐만 아니라 그는 커닝햄 부인과 대화를 나누었는데 그 내용은 우주선 랑데부의 기술적인 문제에 대한 것으로서 이에 대해서 4시간이 넘게 강의를 했던 것입니다. 물론 커닝햄의 부인은 그의 말을 단 한마디도 이해할 수 없었습니다.

그의 천재적인 지식과 강의는 첨단 과학에 대한 것이었으며 전문가들조차 이해하기가 쉽지 않은 내용이었던 것입니다. 그러니 문외한인 그녀가 그 내용을 전혀 알아들을 리가 만무한 것이었습니다.

이 엘드린이라는 사람은 어떤 사람일까요? 그는 천재적인 사람입니다. 그러나 그는 지식은 많이 있었지만 의식은 부족했었던 것입니다. 그는 자기의 이야기에 빠져 있을 뿐 상대방이 무엇을 생각하는지에 대해서는 전혀 아무 것도 알지 못했습니다.

의식이 부족한 사람은 눈치가 없습니다. 그는 공부를 잘 할 수도 있고 아는 것이 많을 수도 있습니다. 그러나 그는 사람의 마음에 대해서 모릅니다. 그는 상대방의 마음에 대해서 잠을 자고 있는 것입니다. 아무런 느낌도 감각도 없는 것입니다.

그러므로 상대방에게 피해를 주어도 고통을 주어도 그는 그 사실을 알지 못합니다.

어떤 이들은 상대방이 싫어하는 일을 계속 합니다. 상대방이 싫다고 하는 데도 재미있다고 계속 합니다.
그 이유는 무엇일까요? 그는 의식이 없는 것입니다.
그는 자기의 생각만을 하는 것입니다.
자기는 악의가 없으며 상대방을 좋아한다고 말합니다. 그는 상대방의 기분을 전혀 느끼지 못하고 있는 것입니다. 그의 의식은 잠을 자고 있기 때문입니다.

의식이 부족한 사람은 자신은 고민이 없습니다. 그들은 단순하며 즐겁게 삽니다.
그러나 그들은 다른 사람들에게 고통이 됩니다. 다른 사람들에게 근심거리가 됩니다. 주위 사람은 그에게 아무리 이야기해도 알아듣지 못하기 때문에 고통을 느끼게 됩니다.

의식이 깨어나지 않으면 이러한 이들은 죽을 때까지 그러한 무지의 어둠 속에서 살아가게 될 것입니다. 혹시 의식이 일어나게 되면 그들은 비로소 자신을 보고 다른 사람을 보게 될 것입니다. 그들은 비로소 이해할 수 있는 사람이 될 것입니다.
의식이 있는 것과 지식이 있는 것은 다릅니다. 오늘날 지식이 있는 이들은 많지만 의식이 있는 이들은 많지 않습니다.

지식뿐인 사람들은 남들에게 기쁨과 유익을 주지 못하지만 의식이 깨어난 사람은 자신도 자유롭게 되며 다른 사람들도 돕고 섬길 수 있게 됩니다. 그는 사람의 마음을 알기 때문에 어디서 누구에게 무엇을 주어야 하는지 분별할 수 있기 때문입니다.

의식이 없는 사람은 다른 이들에게 많은 것을 주려고 하고 친절을 베풀어도 욕을 먹습니다.

그것은 그가 다른 이들을 사랑하려고 해도 다른 사람의 마음을 모르기 때문에 오히려 상대방을 귀찮게 하고 피곤하게 만들기 때문입니다. 그러므로 그는 악의가 없으면서도 억울한 대접을 받게 됩니다.

반면에 의식이 깨어난 사람은 사소한 것을 베풀면서도 사랑을 받게 됩니다. 그것은 그가 주는 것이 상대방의 마음에 맞는 것이며 그 상황에 정확하게 필요한 것이 되기 때문입니다.

사랑을 위하여, 섬김을 위하여 의식의 깨어남은 중요한 것입니다. 우리는 모두 의식의 밝은 빛 속에서 주님의 인도를 받아 사람들을 사랑하고 섬길 수 있는 사람이 되어야 할 것입니다.

13. 의식의 충만함과 의지력

의식이 부족한 이들은 의지가 약합니다. 그래서 그들은 결심을 많이 하지만 그것을 이루는 힘은 부족하게 됩니다.
그 이유는 그들이 생각이나 마음을 다스릴 수 없기 때문입니다.
그들은 생각이나 감정을 다스리지 못합니다. 어떤 하나의 충동이 떠오를 때 이들은 그것을 분별하고 다스리지 못합니다. 이들은 그 충동이나 생각에 그대로 휩쓸려 버립니다.

그러므로 이들은 일관성이 없는 것입니다.
이들은 주인으로서 살지 못하며 종으로서 살게 됩니다. 자신의 안에서 일어나는 생각이나 욕구 충동에 이끌려서 살게 되는 것입니다. 욕망이나 소원이나 생각이나 감정을 분별하고 다스리지 못하면 그것은 종의 삶인 것이며 주인의 삶이 아닙니다.

의식은 뇌에 속한 것입니다. 욕구나 충동은 몸에 속한 것입니다. 뇌는 몸을 이끌어 가는 지도자라고 할 수 있습니다.
뇌에 의식이 부족하다는 것은 뇌에 에너지가 부족한 것을 의미합니다. 그것은 뇌력이 약한 것입니다.
몸에 충동이 많은 것은 몸의 에너지가 많은 것입니다. 몸의 힘이 강한 것입니다.
그러므로 이러한 이들은 강한 몸이 약한 뇌를 지배하게 되어 몸의 소원을 따라 살아가게 되며 머리의 지배를 벗어나게 되어 일종의 무정부 상태가 되는 것입니다.
그렇기 때문에 이들은 육체의 욕망을 따라 살게 되며 동물의 상태를 벗어날 수 없다고 하는 것입니다.

감정은 가슴에서 나옵니다.
가슴은 심령과 관계된 것이기도 하지만 감정과 관계된 것이기도 합니다. 심령의 세계가 깊고 심원한 것이라면 감정의 세계는 좀 더 낮은 것입니다. 심령이 발전하지 않은 상태가 낮은 감정의 상태입니다.
뇌에 의식이 약한 사람은 자신의 감정을 다스릴 수가 없습니다. 그래서 그들은 감정의 종이 됩니다.

심령의 세계는 주님과 영에 관련된 세계입니다.
그러나 감정의 세계는 자신과 자아에 관계된 세계입니다.
심령은 주님으로 인하여 기뻐하고 슬퍼하지만 감정은 자신으로 인하여 기뻐하고 슬퍼합니다.
머리는 심령의 지배 속에 있어야 하지만 감정의 지배 속에 있어서는 안 됩니다. 그것은 갈팡질팡하는 삶입니다.
많은 이들의 오해는 감정과 심령의 차이를 오해하는 데에서 나오는 것입니다. 즉 그들은 자기의 기분과 감정을 따라서 움직이는 것을 신령한 것으로 보는 경향이 있습니다. 그것은 옳지 않습니다.

기분이 좋으면 주를 따르고 기분이 나빠지면 주를 따르지 않는 것은 감정적인 삶입니다. 그것은 낮은 차원입니다.
어떤 이들은 의식이 거의 없어서 몸의 생각과 욕망과 느낌으로 삽니다.
어떤 이들은 의식이 그보다는 조금 더 있지만 감정의 생각과 기분과 느낌을 따라 삽니다.
어떤 이들은 조금 더 의식이 많아서 지적인 경향이 있습니다. 그래서 사고와 판단으로 살려고 합니다.
그러나 앞에서도 말했듯이 지적인 능력과 의식의 깨어남은 같은 것이 아닙니다. 지적인 삶도 결코 자유함에 이르는 삶이 아닙니다.

감정과 심령의 차이에 대해서, 지성과 의식의 차이에 대해서 인식하는 것은 쉬운 일은 아닙니다. 그러나 경험하면 분명하게 알게 됩니다.
어떤 것이 감정이고 어떤 것이 심령의 세계인지, 어떤 것이 이성이고 어떤 것이 의식의 깨어남인지 알게 됩니다.
분명한 사실은 의식의 깨어남을 통해서 의식이 많아질수록 몸의 충동을 다스리고 감정의 생각과 느낌을 다스리고 지성의 판단과 느낌을 다스릴 수 있다는 것입니다. 그래서 종으로 살지 않고 주인으로서 살게 되는 것입니다.

이 부분을 좀 더 설명하기 위해서 성경의 예를 들어보겠습니다. 의식의 깨어남은 진정한 자유와 열매의 시작이라는 것을 좀 더 설명하겠습니다.

14. 네 가지 마음과 의식의 상태

마태복음 13장에는 천국에 대한 비유가 일곱 개 등장하는데 그 중에 씨 뿌리는 비유가 있습니다. 주님의 모든 말씀이 그렇듯이 이것도 한없이 많은 보화를 내포하고 있어서 여러 각도에서 다양한 영적 의미를 발견할 수 있습니다.
이 말씀을 영적 발전상태, 혹은 사람의 심령적인 특성과 관련지어서 살펴보기로 하겠습니다.

씨 뿌리는 비유에서 밭이 의미하는 것은 사람의 마음입니다. 씨는 천국 말씀입니다. 씨를 뿌리는 것은 하나님의 말씀을 전하는 것입니다. 그런데 동일한 말씀이 뿌려지지만 그것은 각 사람의 마음 밭의 차이에 따라서 열매를 맺는 것이 다릅니다. 여기서는 네 가지의 마음 밭을 설명하고 있습니다.

첫 번째 마음의 밭은 길가입니다.
이것은 엄밀하게 말해서 밭이라고 할 수도 없습니다. 세상에 씨를 길가에 뿌리는 사람이 어디 있겠습니까. 요즘의 길가인 아스팔트에 씨를 뿌리는 사람은 더욱 없을 것입니다.
그러므로 이것은 씨 뿌리는 자가 의도적으로 뿌렸다고 볼 수 없습니다. 씨를 뿌리는 사람이 길가에 일부러 씨를 뿌렸다면 그는 어리석은 사람이겠지요. 그래서 더러는 길가에 떨어졌다고 성경은 말하고 있습니다. 뿌린 것이 아니고 바람에 날려가 그냥 떨어진 것입니다.

아무튼 길가에 뿌려진 씨는 전혀 열매를 맺지 못합니다.
씨가 흙 속에 들어갈 수 있어야 열매를 맺든지 말든지 할 텐데 길가는 사람들이 다니는 곳이기 때문에 단단하게 굳어져 있어서 씨가 흙 속으로 들어갈 수가 없는 것입니다.
길가는 그처럼 넓게 열려 있는 공간입니다. 모든 사람들이 오고 갈 수 있도록 노출된 공간입니다.
씨가 흙 속에 들어가지 않고 땅 위에 그대로 노출되어 있기 때문에 결국 그 씨는 새에게 먹히고 맙니다. 열매를 맺을 가능성이 전혀 없어진 것이지요.

이 길가는 어떤 마음의 상태를 의미하고 있는 것일까요?
그것은 완악한 마음입니다. 길가의 표면이 단단해서 그 속에 들어갈 수 없는 것처럼 마음이 완악하고 고집이 세서 타인의 말을 잘 듣지 않는 사람의 특성을 보여줍니다. 자기 생각만 옳다고 하고 다른 사람의 이야기는 일단 마음을 닫고 듣는 것입니다.
또한 그 마음의 상태는 세상에 대해서 열려 있는 특징을 가지고 있습니다. 길가가 모든 사람들이 자유롭게 왕래할 수 있는 것처럼 이 사람의 마음은 세상의 모든 것에 자유롭게 열려있습니다.
세상의 유행, 물질적인 쾌락, 그 모든 세상의 것에 대해서 활짝 열려있는 것입니다.
이 사람의 영혼은 마비되어 있습니다.
이 사람은 마음이 완악하고 고집이 세며 세상적이어서 그의 내적 감각은 완전히 죽어있는 상태입니다. 그렇기 때문에 악한 영들은 그의 기억 속에서 말씀의 진리가 사라지게 합니다. 그는 전혀 열매를 맺지 못하는 사람이 되는 것입니다.

길가 밭에 속한 사람은 몸과 본능으로 사는 사람을 의미합니다. 그들은 육신적인 사람들입니다. 그들은 세상의 성공과 물질의 풍부함과 명예와 쾌락과 육신의 안락함만을 소원합니다. 이들은 본능적인 사람이며 동물의 의식수준에서 별로 나아가지 못한 사람들입니다. 이들은 영적이고 내적인 감각이 마비되어 있어서 진리의 말씀을 들어도 깨닫지 못하며 마귀가 그 진리를 가져가도 전혀 눈치 채지 못합니다.
이들은 오랫동안 교회에 다니고 오랫동안 기도를 하고 기적을 경험하고 응답을 많이 받을 수도 있지만 그 영혼의 상태는 잘 깨어나지 않습니다. 가치관도 잘 바뀌지 않으며 의식도 거의 없는 상태입니다.
그러므로 몸은 주님과 가까이 있어도 그 영과 마음은 주님과 아주 멀리 있는 상태인 것입니다.

두 번째의 마음 밭은 돌밭입니다.
돌밭이라는 언어가 주는 느낌 때문에 이 밭에 속한 사람은 완악한 사람이라는 인상을 주기도 합니다. 그러나 사실은 그 반대입니다. 이 밭에 속한 사람은 완악하다기보다는 부드럽고 여린 사람의 특성을 가지고 있다고 할 수 있습니다.
첫 번째 밭이 몸에 속한 사람들이라면 이 밭에 속한 사람은 감정적인 사람들입니다.

이들은 말씀을 들을 때 즉시 기쁨으로 받습니다. 이들은 단순한 사람들이며 복잡하게 무엇을 따지고 하지 않습니다.
그들은 쉽게 주님의 은총을 체험하며 그것을 기뻐하고 울며 찬송합니다.
하지만 그들의 기쁨은 그리 오래가지 않습니다.
말씀과 진리를 깨닫게 되면 곧 이로 인하여 영적 공격이 시작되는데 이들은 그 공격으로 인한 어려움들을 견디지 못하는 것입니다.
그러므로 이들은 부흥회에 가면 항상 은혜를 받지만 그 후에는 항상 은혜를 받은 만큼 실족합니다. 이들은 인내가 부족하기 때문입니다.

이 세상에 반작용이 없는 것은 없습니다. 어떤 이가 은혜를 받으려하면 지옥에서 공격이 시작됩니다. 그래서 그들을 흔들어 놓습니다. 또한 어떤 이가 타락하려고 하면 천국에서 그들을 지원하는 힘이 작용합니다. 타락을 하든 은혜를 받든 반작용을 통과한 사람이 계속 그 방향으로 나아가게 됩니다.
그러나 이 밭에 속한 사람은 감각과 감정은 예민하기 때문에 느낌은 많지만 끈기는 부족합니다. 그래서 그 공격을 이기지 못합니다.

두 가지를 가지고 있는 사람은 드뭅니다.

시계는 섬세하지만 약합니다. 그래서 살살 다루어야 하며 던지면 부서져 버립니다.
망치는 강건하게 만들어져서 못을 세차게 박고도 멀쩡합니다. 하지만 이것은 단순한 도구이기 때문에 쓰임새가 한정이 되어 있고 깊은 용도로 쓰이지는 못합니다.
감정이 예민한 사람은 느낌은 많지만 끈기가 없습니다. 그래서 환란이 올 때 금방 넘어집니다. 그들은 자주 기뻐서 울지만 조금 지나면 속이 상해서 웁니다.

이 두 번째 밭의 사람은 첫 번째 보다는 의식이 좀 더 깨어나 있는 상태입니다. 이들은 동물의 수준은 벗어나 있습니다.
이들은 따뜻하고 아름다우며 인간미가 있습니다.
강하지는 않지만 착하고 따뜻합니다.
하지만 너무 기분 중심입니다. 그래서 일관성이 없고 오래가지 못하는 것입니다. 날마다 기분이 좋으면 오래 가겠지만 세상이라는 것이 어디 그런가요. 때로는 비도 오고 바람도 부는데 이들은 날씨가 나빠지는 것을 견디지 못하는 것입니다.

다만 이들의 상태와 열매는 첫 번째 보다는 낫다고 할 수 있습니다.
첫 번째 사람의 상태는 열매는커녕 흙 속에 들어가기도 전에 새에게 먹혔습니다. 그러니 열매고 뭐고 아무 것도 없는 것입니다.
이들은 교회에 오래 다녀도 삶의 모습이 불신자와 조금도 다를 것이 없습니다. 똑같이 화를 내고 똑같이 욕심 부리고 똑같이 세상에 속한 것들을 사모합니다. 남편의 사업이 잘 되어 돈을 많이 벌고 큰집에서 살고 자식이 유명한 대학을 가야 성공한 것으로 굳게 믿습니다.

그러나 두 번째 밭의 상태는 조금 있다가 말라죽기는 하지만 그래도 약간의 열매를 경험한 바 있습니다. 뿌리가 없기 때문에 곧 말라버리기는 하지만 그래도 일단 싹이 나오기는 나옵니다.
그러니 이 사람은 열매가 손톱만큼은 있는 것이며 첫 번째 밭의 상태보다는 나은 것입니다.
이들은 감정적이기는 하지만 부분적으로 아름다움을 가지고 있습니다. 섬기려는 마음도 있고 주는 것을 좋아하며 사랑하려고 합니다. 자식에게 성질을 내고 나면 한참을 후회하고 울기도 합니다. 물론 뿌리가 없기 때문에 이들은 후회하면서도 자기 행동을 되풀이하게 됩니다.

세 번째 밭에 속한 사람은 이지적인 유형의 사람입니다.
이들은 그래도 앞의 밭 중에서는 조금 나은 편입니다. 열매도 좀 더 오래 갑니다.
싹이 나기도 전에 먹히는 경우나, 싹이 조금 나다가 말라죽는 것보다는 낫습니다. 나름대로 싹이 올라오는데 그 주변에 가시떨기가 더 크게 자라기 때문에 그 기운으로 인하여 죽는 것입니다.
이들은 생각이 많은 사람들입니다. 머리 중심의 사람들이기 때문에 항상 생각이 복잡합니다.
이들은 영적인 실제를 모르는 사람들입니다. 큐티를 하고 훈련을 하고 온갖 교육을 받지만 영적 실제에 대해서 모릅니다. 그 안에서 하나의 관념을 형성하고 있을 뿐입니다. 그래서 아는 것은 많지만 실제적인 자유함에 대해서는 알지 못합니다.
이들은 교회에서 지도자적인 위치에 있는 것이 보통입니다. 그러나 이들은 사람들을 많이 가르치고 그들에게 가르침을 받는 사람들이 가끔 자유함을 경험하는 것을 보기는 하지만 막상 본인들은 별로 자유함을 누리고 있지 못합니다.

육신적인 삶을 낮게 여기면서도 그들도 사실은 그 낮은 삶을 초월하지 못합니다. 그래서 각종 유혹에 시달립니다.
몸으로 죄를 짓는 이들은 많지 않지만 그들의 머리 속에는 각종 더러운 생각과 혼란스러운 마음과 충동이 끊이지 않습니다.
가시떨기의 기운은 그러한 어둡고 복잡한 상념을 의미하는 것입니다. 이들은 생각이 많아서 복잡하고 그 복잡한 생각을 통제할 수 없어서 열매를 맺지 못합니다.
이들은 생각과 지식을 가지고 있습니다. 그러나 의식의 깨어남은 부족합니다. 그러므로 이들은 자유함에 대해서 알지 못하는 것입니다.

이 세 가지 밭은 다 제대로 열매를 맺지 못하는 것을 이 비유는 보여 주고 있습니다. 어떤 이들은 몸의 정욕에 속하여 의식이 깨어나지 못하고 열매를 맺지 못합니다. 어떤 이들은 감정에 속하여 의식이 깨어나지 못하고 열매를 맺다가 맙니다.
어떤 이들은 이성과 생각에 사로잡혀 있어서 열매를 맺지 못합니다.

결국 이 이야기는 몸에 속한 육성인도 감정에 속한 감성인도 머리 중심의 지성인도 열매를 맺을 수 없으며 진정한 열매는 영성이 깨어난 영성인이 맺을 수 있다는 사실을 보여주고 있는 것입니다.

좋은 땅은 깨어난 영성입니다. 이들은 몸의 정욕을 다스리며 감정의 충동을 다스립니다. 번뇌하는 생각에서도 자유하며 모든 높아진 생각을 사로잡아 그리스도께 복종시킬 수 있습니다. 그러므로 그들은 바르게 깨닫고 바르게 보면서 아름답고 풍성한 열매를 지속적으로 맺어가게 되는 것입니다.

의식의 깨어남은 영성의 깨어남, 영혼의 깨어남에 포함되는 것입니다. 일반적으로 심령의 깨어남은 가슴의 깨어남에 관한 것이며 의식의 깨어남은 머리의 깨어남에 관계되는 것입니다. 그리고 이 두 가지는 서로 상호보완 되는 것입니다.

의식의 깨어남과 영성의 깨어남만이 진정 말씀을 깨닫고 열매를 맺을 수 있는 길이라는 것을 이해해야 합니다. 그러한 깨어남을 통해서 말씀의 실상은 점점 더 우리에게 분명해지며 우리는 아름답고 놀라운 천국의 풍성함을 직접 경험하고 누리게 되는 것입니다.

15. 의식의 깨어남과 뇌력 강화

앞에서도 언급했듯이 의식이 부족한 사람은 의지가 약합니다. 그래서 갖은 중독 현상을 갖게 됩니다.
많은 악한 습관을 가지고 있으며 그것을 끊어야겠다고 생각하면서도 끊지 못합니다.
그들은 뇌에 에너지가 부족하여 뇌력이 약합니다. 그러므로 그들의 뇌는 몸에 대한 지배권을 행사할 수 없습니다. 뇌를 정부라고 하고 몸을 백성이라고 볼 때 그러한 상태는 아주 약한 정부의 모습을 보여줍니다.

의식의 깨어남이 많고 뇌력이 강한 사람은 눈빛이 강합니다. 그들의 눈은 강하고 빛이 납니다.
눈은 영들이 들어오는 통로입니다. 그러므로 각종 상념들이 그에게는 함부로 들어오지 못합니다. 아무에게나 문을 함부로 열어주지 않기 때문입니다. 그러한 사람은 의식이 선명하며 이해도 빠르고 기억력도 정확합니다.

반면에 눈이 흐린 사람이 있습니다. 그들의 눈은 빛나지 않습니다. 그들의 눈은 약하고 힘이 없습니다.

이러한 이들은 뇌력이 약한 것입니다.

이들은 쓸데없는 공상에 사로잡힐 때가 많습니다. 수많은 쓸데없는 생각들이 그의 눈을 통하여 침투하고 그의 두뇌는 멍청해집니다.

그의 생각은 수시로 다른 곳에 외출을 갑니다.

그의 눈은 무엇을 보고 있으나 그의 마음은 다른 데에 가 있습니다.

그의 귀는 무엇을 듣고 있으나 그의 마음은 다른 데에 가 있습니다.

그의 정신은 집중이 되지 않고 산만합니다.

사람들은 그에게 같은 이야기를 꼭 두 번, 세 번 해야 합니다. 그는 항상 정신을 다른 데에 팔고 있어서 남들의 이야기를 제대로 듣지 않기 때문입니다.

학생이 이와 같은 사람이라면 하루 종일 책상에 붙어 앉아있어도 공부를 잘 하지 못할 것은 지극히 당연한 일입니다.

정신이 멍한 상태에 있는 사람은 아무 것도 잘 할 수 없습니다. 그저 본능적이고 단순한 일 외에는 아무 것도 제대로 하지 못합니다. 이러한 이들은 누군가가 지배하고 이끌어 주지 않으면 혼자서는 무기력한 삶을 살게 됩니다.

뇌에는 주인의 영이 거합니다. 몸에는 종의 영이 거합니다. 그러므로 뇌가 깨어나지 않고 뇌력이 약한 이들은 주도적으로 살기 어렵습니다. 그는 스스로 할 수 있는 것이 없으며 항상 남이 시키는 대로 하게 됩니다. 그들은 무엇을 해도 확신이 없으며 남들이 인정하고 칭찬을 해야 자신이 잘 했다고 느끼게 됩니다. 이들은 항상 남들이 무엇이든 결정해주기를 바랍니다.

뇌력을 강하게 할 때 그의 의지는 강건하게 됩니다. 그의 인식 능력은 깨어나게 됩니다. 그의 눈은 빛나게 됩니다.
이제 비로소 그는 자신이 원하는 삶을 살 수 있으며 하고 싶은 행동을 할 수 있습니다. 그의 눈은 점차 강해지며 그는 한번 마음먹은 것은 기필코 이룰 수 있는 의지력을 갖추게 됩니다.
뇌력이 강화되면 자신의 생각과 감정을 다스릴 수 있습니다.
생각과 감정이나 몸의 충동에 끌려가지 않고 그것을 분별하며 다스리게 됩니다. 그것이 곧 자유함인 것입니다.

뇌력을 강하게 하는 것은 단순하게 눈을 강화시키는 훈련을 통해서도 어느 정도 효과를 볼 수 있습니다. 자세한 방법에 대해서는 2부에서 다룰 것입니다. 여기서는 이러한 원리와 증상을 이해하여 주시기를 바랍니다.
뇌력이 부족할 때 의지가 약하고 노에의 삶을 살게 되며 그러므로 외식의 깨어남과 뇌력의 충전이 자유롭고 풍성한 삶을 살 수 있는 중요한 원리라는 것을 부디 기억하십시오. 의식의 깨어남은 강한 뇌력을 가져오며 그것은 스스로 모든 것을 통제할 수 있으며 관리하고 다스릴 수 있는 자유로운 삶을 의미하는 것입니다.

16. 수 읽기와 마음 읽기

바둑에는 수 읽기라는 것이 있습니다. 바둑돌을 놓기 전에 수를 읽는 것입니다.
내가 이 곳에 두면 상대방은 이 곳에 두겠지? 그러면 나는 다시 이렇게 두고. 이런 식으로 앞으로의 진행 상황을 미리 읽는 것입니다.
수 읽기는 바둑에 있어서 중심적인 기술입니다.
수 읽기를 잘 할수록 그 바둑은 승리할 가능성이 높아집니다.

고수일수록 이 수 읽기의 능력이 뛰어납니다. 그는 상대방의 둘 곳과 상대의 반응을 정확하게 예측합니다.
그러나 하수들은 이 수 읽기 능력이 약합니다. 그래서 아전인수격의 수 읽기를 하게 됩니다.
나는 이 곳에 두고 상대방은 이렇게 반응할거야, 하고 생각하는데 상대방은 전혀 예상하지 못한 곳으로 응수합니다. 그는 당황하게 되고 상대방의 반응을 예측하지 못했기 때문에 결국 의표를 찔리게 되고 바둑을 지게 되는 것입니다.
왜 하수들은 수 읽기를 제대로 하지 못하는 것일까요? 그것은 자기 생각만 하기 때문입니다.
상대방의 입장에서 생각하지 않고 자기가 유리한 쪽으로만 생각하기 때문입니다. 하지만 상대방의 입장에서는 그렇게 두면 망하거나 불리해지기 때문에 다른 수를 찾게 되는데 하수들은 자기 입장에서만 생각해서 상대방의 입장을 읽지 못하는 것입니다.

인생에 있어서도 대인 관계에 있어서도 이 수 읽기가 있습니다. 이것은 마음 읽기라고 할 수 있을 것입니다.
여기서도 수 읽기, 마음 읽기를 제대로 하지 못하는 사람은 하수라고 할 수 있는 것입니다. 그는 좋은 관계, 좋은 삶을 살 수 없을 것입니다. 부부싸움이란 바로 이 마음 읽기의 수 읽기를 하지 못한 하수들이 하는 것입니다.
예를 들어 남편이 아내를 모욕하는 언어를 사용한다고 합시다.
그는 아내의 수를 어떻게 읽은 것일까요? 상대방이 반성하고 깨우치며 자신에게 잘 해 줄 것이라고 읽은 것일까요?
물론 그의 수 읽기는 틀렸습니다. 그것은 멍청한 수 읽기이며 상대의 반응을 전혀 예측하지 못하는 것입니다.

아내는 화가 났습니다. 그는 식사 준비도 제대로 하지 않고 외출을 해 버렸습니다. 남편은 이러한 변화를 읽었을까요?
아닙니다. 읽었다면 그렇게 하지 않았을 것입니다. 그는 그저 아무런 계획도 예측도 없이 그냥 본능적으로 짜증이 나니까 말을 한 것입니다. 그것이 하수의 특징입니다. 상대의 반응을 읽지 못하고 앞으로 일어날 변화를 읽지 못한다는 것 - 그것이 바로 하수의 특징입니다. 그러한 이들은 본능적으로 화내고 시간이 지나서 화가 풀어지면 다시 관계가 좋아지고, 그런 식으로 아무 생각 없이 살게 됩니다. 그것은 하수의 삶입니다. 동물과 본능의 수준에서 사는 것입니다.

어떤 아내들은 수시로 남편들에게 짜증을 냅니다. 물론 이들도 하수입니다. 남편이 권위도 없고 리더십도 부족해서 그렇게 하는지는 모르지만 그것은 서로에게 재앙을 줍니다. 그 가정은 어둠의 권세에 사로잡히게 되며 자녀들도 흑암의 세력 가운데 들어가게 됩니다. 이런 영적 변화를 읽지 못하기 때문에 그들은 하수인 것입니다. 그들은 한 치 앞도 제대로 보지 못합니다.

수 읽기를 잘 하는 사람은 마음 읽기도 잘 합니다. 그들은 상대방을 진심으로 사랑하고 섬깁니다. 불쾌한 일이 있거나 마음이 아픈 일이 있더라도 그들은 그것을 잘 다루고 관리합니다. 이는 그들이 수를 잘 읽기 때문이며 어떠한 것이 미래와 영원에 좋은 것인지 충분히 예측하고 있기 때문입니다.

마치 어린아이처럼 남이 싫어하는 짓을 계속 하는 사람들을 나는 많이 보았습니다. 아내가 싫어해도 남편이 계속 장난을 치던지, 친구가 싫어해도 그러한 일을 계속 하는 이들을 나는 많이 보았습니다. 상대방이 싫어하는 말을 계속 사용하는 이들도 많이 있습니다. 싫어하는 일을 자꾸 권하고 시키는 이들도 많이 있습니다.
그들은 어리석은 사람들입니다. 그들은 하수입니다. 그들은 사람의 마음을 보지 못하는 것입니다. 그러한 일들은 상대방에게 상처를 주며 언젠가 그것은 자기에게 돌아옵니다. 아주 작은 일이라고 하더라도 말입니다.

나는 사람들이 싸우는 것을 많이 보았습니다. 그리고 대부분의 싸움은 싸우지 않아도 되는 것임을 많이 보았습니다.
군대에서 이런 것을 본 적이 있습니다. 어떤 사병이 장교에게 욕을 하고 있었습니다. 그는 사병이었지만 인사에 권한을 가지고 있는 업무를 하는 사병이라 장교라고 해서 함부로 할 수 없는 사병이었습니다.

그의 입에서 계속 방만한 에너지가 흘러나오자 나는 장교의 속에 점점 더 분노가 쌓이는 것을 보았습니다. 나는 조금 있으면 그 장교가 사병의 멱살을 잡을 것이라고 생각했습니다. 그러자 곧 그러한 일이 일어났습니다. 그러나 사병은 여전히 상황을 눈치 채지 못했습니다. 나는 조금 있으면 장교가 사병을 때릴 것이라고 느꼈습니다. 그리고 다시 그대로 상황이 진행되었습니다.
나는 어떤 에너지와 어떤 말을 공급하면 그 장교의 분노가 식으며 자신의 행동을 후회할 것이라는 것을 느꼈습니다.
그래서 나는 그 장교에게 다가가 그러한 말을 했습니다. 내 예상대로 장교는 그 사병을 치료하도록 의무병을 불러 주었습니다.

사람의 마음과 에너지를 분별하는 것은 흥미로운 일입니다. 그것을 이해할 수 있을 때 싸움이나 분노의 폭발이나 미움 같은 상황이 오기 전에 그것을 방지할 수 있습니다. 그곳에 흐르는 에너지에 반대되거나 중화적인 에너지와 말을 공급하면 되기 때문입니다. 그러나 눈치가 없고 그러한 흐름에 무지한 사람이 있으면 기름에 불을 끼얹는 것과 같을 것입니다.

사역자들이 이러한 분위기와 영의 흐름을 읽을 수 있으면 좋을 것입니다. 그는 예배를 인도하면서 사랑과 진리의 영이 흐르고 있는지 아니면 좌중에 지루함과 따분함의 영이 흐르고 있는지 느낄 수 있기 때문입니다.

그는 지금 찬양을 하는 것이 필요한지 아니면 열정적인 기도가 필요한지 고요하고 잔잔한 기도가 필요한지 느낄 수 있을 것입니다. 즐겁고 밝은 이야기로 좌중의 우울한 영을 풀어주어야 할지 아니면 따뜻한 사랑과 주님의 임재가 흐르게 해서 사람들의 어두움과 묶임을 풀어주어야 할지 느끼고 분별하고 그것을 공급할 수 있기 때문입니다. 이러한 분별력도 일종의 수 읽기라고 할 수 있는 것입니다.

나는 10여명이나 20여명 정도의 소그룹을 이끌어본 적이 많이 있습니다. 특별한 훈련은 아니고 그냥 교제를 위하여 모인 모임입니다.
나는 사람들의 질문에 답하거나 메시지를 주기도 합니다. 그러나 혼자서 오래 이야기를 하면 영이 피곤해지기 때문에 사람들에게 주제를 주고 서로 돌아가면서 이야기를 시키곤 합니다.
예를 들어서 서로에게 진지한 마음으로 사랑의 고백을 하도록 시킬 때도 있습니다.

내가 이야기를 중단하고 그들의 이야기를 듣기 시작하고 있으면 한 두 사람, 서너 사람이 이야기할 때까지는 어느 정도 영의 풍성하고 아름다운 분위기가 유지됩니다.
그러나 대여섯 사람이 넘어가게 되면 어느 덧 좌중에는 지루함과 피곤함의 기운이 흐르기 시작합니다. 그것은 그들의 안에 있는 어두움의 기운이 계속 흘러나오기 때문입니다.

이러한 상황에서 그들에게 계속 맡겨두고 있으면 그것은 정말 지겨운 모임이 됩니다. 그래서 나는 중간에 끼어들어 웃음을 유발하기도 하고 다른 주제의 이야기를 하기도 하면서 그 영의 흐름과 분위기를 바꾸어 신선도가 계속 유지되도록 합니다. 이러한 것이 영의 흐름을 분별하는 것이며 수를 읽고 마음을 읽는 것이라고도 할 수 있을 것입니다.

의식이 깨어날수록 우리의 지각은 선명해지게 됩니다.
그래서 우리는 사람의 마음을 읽게 됩니다. 좌중의 분위기를 읽게 됩니다. 영적 에너지의 흐름을 읽게 되며 그 상황을 분별하게 됩니다. 그것이 어디로 흘러갈지 어떤 결과로 상황이 진행될지 우리는 그것을 이해할 수 있습니다.
원래 타고날 때부터 눈치가 빠른 사람도 있습니다. 원래부터 감각이 둔하고 눈치가 없는 사람들도 있습니다.
그러나 어느 쪽이든 의식의 깨어남은 그들의 인식을 좀 더 명확하고 아름답게 발전시킬 것입니다.

의식이 깨어나고 인식이 확장될수록 우리는 좋은 인간관계를 가질 수 있습니다. 왜냐하면 사람의 마음을 책을 보듯이 읽을 수 있게 되기 때문입니다.

그는 쓸데없이 남의 마음에 상처를 주지 않을 것입니다. 상처를 주는 것은 다 무지에서 오는 것이기 때문입니다.

마음을 읽고 미래를 읽는 것은 아주 중요하고 필요한 기능입니다. 의식이 깨어날수록 이 기능은 우리 안에서 더욱 더 선명하게 작용될 것입니다.

# 17. 습관과 충동은 의식을 흐리게 합니다

사람들은 의식을 가지고 사는 것 같이 보이지만 사실은 의식이 없는 무의식적인 상태가 훨씬 더 많습니다. 대부분 아무 생각 없이 정신 없이 마치 꿈을 꾸는 것처럼 습관적으로 살고 있는 것입니다. 그러다가 가끔 정신이 돌아오기도 합니다.

어떤 남편이 아내와 말싸움을 하다가 화가 나서 손바닥으로 아내의 뺨을 때렸습니다.
그 순간 그는 갑자기 놀라서 자기의 손을 바라보았습니다.
"아니! 내가 미쳤어! 내가 당신을 때리다니……"
그는 말을 잇지 못했습니다.
그는 갑자기 깨어난 듯이 보였습니다. 흥분해서 순간적으로 행동을 하다가 정신이 돌아온 것입니다.
자신의 행동에 깜짝 놀랐다는 것은 그 동안 잠을 자면서 행동했다는 것을 의미하지요.
그는 놀라서 아내에게 사과를 하고 용서를 빌었습니다.
다시는 이런 행동을 하지 않겠다고.
하지만 그는 잠시 정신이 돌아왔을 뿐 다시 잠을 자는 상태로 돌아간 모양입니다. 그 후로 가끔씩 구타가 이루어졌습니다. 그리고 그 부부는 얼마 후에 이혼을 했습니다.

가끔 우리는 소스라쳐 놀라며 '오, 내가 지금 무슨 짓을 한 거지?' 할 때가 있습니다. 그것은 의식 없이 한 행동입니다. 그러다가 갑자기 정신이 돌아와 자신이 한 짓을 깨닫게 되는 것입니다.
술 취한 사람만이 그런 행동을 하는 것이 아닙니다. 멀쩡하게 깨어있는 것 같은 사람도 자신의 행동을 잘 이해하지 못할 때가 많이 있습니다.
그것은 우리가 명료한 의식을 가지고 깨어있는 상태에서 살지 않기 때문입니다.
그렇습니다. 사람들은 깨어있는 듯이 보이지만 깨어있지 않습니다. 꿈속에서 허우적거리는 것처럼 불명료한 의식 속에서 움직입니다.
습관적으로 날마다 같은 일을 반복합니다. 어떤 일을 하면서도 깨어서 그 일을 하는 것이 아니라 그저 습관적으로 하는 것입니다.

습관은 우리의 의식을 희미하게 합니다.
예를 들어서 생각해보겠습니다. 당신은 오늘 아침에 양말을 신었을 것입니다. 그렇다면 오른쪽 발부터 신었습니까? 아니면 왼쪽부터 신었습니까?
아마 기억하지 못할 것입니다. 날마다 반복되는 일에 우리는 의식을 기울이지 않기 때문입니다.

어떤 이가 아내에게 분노하며 짜증스럽게 말을 하는 것을 보았습니다. 그래서 나는 그에게 물었습니다. 아내에게 무슨 불만이나 감정이 있느냐고. 그러자 그는 깜짝 놀라며 되묻는 것이었습니다. 전혀 그렇지 않은데 왜 그러느냐고 말입니다.

그가 자신의 짜증과 분노를 인식하지 못한 것은 항상 그러한 상태에서 살았기 때문입니다. 그는 항상 아내에게 짜증스럽게 말하는 습관이 있었습니다. 그의 아내도 그것을 당연하게 받아들였습니다. 그러므로 그들은 그것에 익숙해있었던 것입니다.

반대로 나는 아내가 남편에게 수시로 짜증을 내는 것을 많이 보았습니다.
나와 아내에게 있어서 그러한 자리와 그러한 분위기는 지옥과 같은 것이었습니다. 그러나 그들은 아무렇지도 않다는 듯이 그렇게 살아가고 있었습니다. 그것은 그들이 이미 습관이 되어 그것을 감지할 수 없었기 때문입니다.

습관은 우리의 의식을 마비시킵니다. 그것은 우리의 정신을 혼돈스럽게 합니다. 점차 우리는 의식이 없는 동물처럼 변하게 됩니다.
흥분도 마찬가지입니다. 흥분을 하는 것은 머리를 혼미하게 만들며 의식이 사라지게 합니다. 흥분 상태에서는 오직 육체와 본능이 주인이 될 뿐입니다. 그것도 의식을 마비상태로 만드는 것입니다.
하나님의 형상을 따라 지음 받은 인간이 왜 점점 더 동물적이 되어가고 지혜와 분별력을 잃어버리고 육체와 본능의 도구가 되어서 노예같은 삶을 살고 있는 것일까요? 거기에는 습관과 흥분과 충동이 중요한 역할을 하고 있는 것입니다.

우리는 의식을 찾아야 합니다. 명료하고 밝은 빛 가운데서 살아가야 합니다.

너무나 많은 사람들이 자신들의 비참한 상태를 인식하지 못하고 어둠 속에 거하고 있으면서 그 상태에 아무런 문제의식도 없이 살아가고 있습니다.

하지만 우리는 진정 깨어나야 합니다. 그래야만 참 자유를 찾을 수 있습니다.

습관과 흥분은 의식을 잃어버리게 합니다.

그러므로 우리는 주의를 기울이면서 살아야 합니다.

이것은 아주 사소한 것에도 마음과 신경을 쓰면서 살아야한다는 의미는 아닙니다.

그러나 주의를 가지고 깨어 있으려고 노력하는 삶은 우리가 전에 알지 못했던 새로운 통찰력과 자유와 기쁨으로 우리를 안내해 줍니다. 우리의 의식이 점점 더 명료해질수록 우리는 로봇이 아닌 행복한 자유인으로서 주인으로서 살아갈 수 있게 될 것입니다.

18. 의식의 깨어남과 큐티

그리스도인들의 삶 중에서 중요한 위치를 차지하고 있는 것이 흔히 큐티라고 부르는 말씀의 묵상입니다.
말씀을 묵상하고 연구하며 깨달은 것을 자신의 삶 속에 적용하는 것은 좋은 일입니다. 그것은 꾸준하게 이루어질 경우에 점진적인 삶의 개선을 가져올 것입니다.

여기서 한 가지 언급하고 싶은 것이 있습니다.
모든 사람들이 큐티를 한다고 해도 큐티를 통해서 깨닫고 얻고 인식하는 데에는 수준과 차이가 있다는 것입니다.
어떤 이들은 오래 동안 말씀을 쳐다보고 있지만 별로 인상적인 깨달음을 얻지 못합니다. 많이 읽었던 구절은 어떤 때에는 다소 지루하게 느껴집니다. 그들은 여러 가지를 삶에 적용하려고 하지만 어떤 때는 그것이 너무 천편일률적이고 기계적인 것으로 느껴집니다.
반면에 어떤 이들은 아주 사소한 것들을 통해서 거의 무한대의 에너지를 얻습니다. 풍성한 깨달음의 빛 속에 들어가며 하나님의 임재와 영광에 사로잡히게 됩니다. 그는 한 글자, 한 글자에서 심령에 가득한 생명의 흐름과 권능을 느끼게 됩니다.
이러한 차이는 어디에서 오는 것일까요?

그것은 의식의 깨어남의 차이에서 오는 것입니다.

어떤 사역자들은 메시지를 얻기 위해서 많은 자료가 필요합니다. 그리고 무진 애를 씁니다. 그들은 아이디어를 얻기 위해서 온갖 수고를 합니다. 그러나 그럼에도 불구하고 신선한 아이디어의 고갈로 인하여 몹시 고생을 합니다.

반면에 어떤 사역자들은 아주 잠깐 말씀을 들여다보기만 해도 찬란한 빛으로 가득 차게 됩니다. 그는 하나님의 임재와 그 영광의 풍성함을 느낍니다.

그는 그 빛과 충만함이 너무나 가득한 것이기 때문에 다른 자료에 의존할 필요가 거의 없습니다. 그는 마치 천사나 영들이 옆에서 말씀의 해석과 권능을 부어주는 것 같이 많은 영양가와 실제를 말씀 속에서 얻게 됩니다.

이러한 차이는 어디에서 오는 것일까요?

역시 영혼의 깨어남, 의식의 깨어남을 통한 인식의 확장에서 오는 것입니다.

혼미하고 어두운 의식은 아무리 말씀 앞에서 하루 종일 묵상을 하고 주석을 보고 자료를 가지고 연구해도 그에게는 별 다른 빛이 오지 않습니다. 이는 그의 의식이 막혀 있기 때문입니다.

그러므로 이들은 큐티나 말씀은 아주 따분한 것이라고 여기게 됩니다. 도대체 이 지겹고 따분한 것이 왜 좋다고 하는 것인지 그는 잘 이해가 가지 않게 됩니다. 그러므로 이들은 항상 남들의 깨달은 것에 의하여 도움을 받고 그러한 자료를 구해야 합니다. 스스로는 빛과 깨달음을 잘 경험하지 못하기 때문입니다.
이러한 이들은 의식의 훈련을 통해서 그 깨어남을 경험해야 합니다. 그리하여 의식의 지각력이 달라졌을 때 그는 비로소 말씀이 스테레오의 감동으로 그에게 전달되는 것을 느낄 수 있게 됩니다.
중요한 것은 성경을 펴놓고 그 앞에 앉아있는 외형적인 모습이 아닙니다.
그것도 아름다운 일이지만 그것이 의미가 있는 일이 되기 위해서는 그의 의식이 깨어나야 합니다. 그때 그는 비로소 말씀의 참 생기와 맛을 더 누리고 경험할 수 있습니다.

큐티는 참 좋은 것입니다. 그러나 이에 못지않게 중요한 것은 그 사람의 의식 수준인 것입니다. 그 의식 수준과 깨어남의 수준에 따라서 경험과 느낌, 깨달음이 다르게 되는 것입니다.
낮은 의식의 수준에 있는 사람은 몇 가지를 이해하고 적용하려고 애쓰나 실제의 삶에서 별로 변화되지 않습니다.
별미를 맛본다고 그 맛을 모두가 다 느끼는 것은 아닙니다. 훌륭한 예술작품을 본다고 해도 그것은 마찬가지입니다.

그러므로 우리는 말씀을 좀 더 깊이 맛보고 누리고 적용하기 위해서 인식의 확장, 영의 깨어남, 의식의 깨어남을 훈련해야 하는 것입니다.
머리가 밝아지고 지각이 새로워지는 것, 그것은 진정 놀라운 경험입니다. 의식이 깨어나고 인식이 확장될수록 우리는 새로운 변화를 느끼게 될 것입니다.

그것은 흐리고 비가 오던 날씨가 갑자기 햇빛이 찬란한 날씨로 바뀌는 것과 비슷합니다.

우리는 그 새로운 빛 속에서 화창함과 따스함과 아름다움 속에서 천국의 대기를 호흡하며 말씀의 진수와 진액을 먹고 마시고 취할 수 있게 될 것입니다.

19. 잠을 자고 있는 현대인

현대인들은 잠이 들어있습니다. 그것은 그리스도인들도 예외가 아닙니다.
진정한 그리스도인들이라면 깨어있는 사람들일 것입니다.
그리스도인들은 하늘의 빛과 영광을 알고 있는 사람이며 주님을 붙들고 진리를 발견해 가는 사람들입니다. 그들은 날마다 더 깊은 자유함과 천국의 풍성함을 누리게 될 것입니다.
그러나 현실에는 그러한 그리스도인들을 찾기가 어렵습니다. 육적 욕망에 따라 혼미한 정신으로 이리 저리 끌려 다니는 것이 비그리스도인들과 별로 다를 것이 없습니다.

이 시대는 혼미한 정신이 가득합니다. 사람들은 눈을 뜨고 다니지만 무엇을 보는지 모릅니다. 귀를 열어두고 있지만 아무 것도 들리지 않습니다. 마치 꿈을 꾸는 듯이 이리 저리 흐느적거리며 움직입니다.
시간이 있으면 즐기기 위해서 텔레비전을 보거나 영화를 봅니다. 대부분의 경우 그것은 머리 속에 쓰레기를 집어넣는 것과 같습니다. 그것은 더 깊은 취함 속에 사람들을 집어넣습니다.

텔레비전에서 광고를 보면서 사람들은 연출자의 의도를 따라 필요하지 않은 것에 대한 탐욕을 가집니다. 그리고 그들은 그 탐욕을 위해서 많은 고통과 희생을 지불합니다. 조금 있으면 곧 갖다버릴 것을 위해서 말입니다.

의식이 잠들어 있기 때문에 사람들은 군중 속에 떠밀려 다닙니다. 유행하는 생각이나 사상이나 어떤 흐름이 있으면 사람들은 같이 거기에 속하여 같이 소리지르고 흥분합니다. 유행이 사라지면 그들은 다시 다른 흐름에 빠집니다.
언론에서 시키는 대로 사람들은 교육을 받고 세뇌됩니다. 그들은 자신이 생각한다고 여기지만 사실은 다른 곳에서 주입된 사고를 그대로 가지고 있는 것에 불과합니다.

내가 대학생이었을 때 한 때 텔레비전이나 신문에서 젊은이들의 언어 행태에 대해서 꼬집을 때가 있었습니다. 대표적인 사례가 젊은이들이 '~~ 같아요' 라는 말을 사용한다는 것입니다.
텔레비전에서 MC를 맡고 있는 사회자가 밖에서는 비가 쏟아지고 있는데 '지금 비가 오고 있는 것 같아요' 라고 말한다고 하면서 비가 오는 거지 '같아요' 가 뭐냐고 하는 그런 지적이 한 동안 언론에서 계속 나왔습니다.
그 다음날 학교에서 강의를 듣고 있는데 교수님이 갑자기 흥분을 하시면서 요즘 젊은이들이 왜 그렇게 언어 사용이 어설프냐고 하시면서 지금 비가 오고 있는데 '비가 오는 것 같아요.' 같은 말이 뭐냐고 열변을 토하시는 것이었습니다.

나는 웃음이 나왔습니다. 그러한 것은 자기 의견이 아니고 세뇌된 것입니다. 그 말이 틀렸다는 것은 아니지만 앵무새가 되는 것은 그리 바람직한 일이 아니겠지요. 우리는 무조건 남이 시키는 대로 따라 하기보다는 스스로 어떤 독자적인 깨달음을 가지는 것이 좋을 것입니다.

이 시대는 취한 세대입니다. 사람들은 취해서 비틀거립니다. 맑은 정신을 가지고 선명하게 살아가는 이들을 찾기가 어렵습니다. 왜 살고 우리는 어디로 가고 있는가, 우리의 영혼은 어떤 상태에 있는가. 이러한 의식을 사람들은 잊어버리고 있습니다.
우리는 하나님께로부터 왔습니다. 목적과 부르심을 가지고 왔습니다. 그리고 돌아갈 것입니다. 우리는 그것을 기억해야 합니다.
어린이가 엄마의 심부름을 다녀오게 되었습니다.
그러나 길을 가면서 재미있게 놀다보니 그만 자기의 목적이 무엇인지 잃어버렸습니다.
시간은 지나 저물어 어두워졌고 할 수 없이 아이는 집으로 다시 돌아옵니다. 그 아이의 속에서는 계속 이런 질문이 나오고 있는 것이지요. '가만, 내가 무엇을 잊어버렸는데, 그것이 무엇이더라.' 현대인의 혼미한 정신은 그것과 비슷한 상태입니다.

이제 어둠 속에서 우리는 눈을 떠야 합니다. 혼미함에서 벗어나야 합니다. 맑고 밝은 빛을 찾아야 합니다. 의식의 빛을 찾아야 합니다. 한두 사람이 눈을 뜨기 시작하면 곧 이어서 많은 사람들이 그 빛을 같이 찾아서 걸어갈 수 있는 것입니다.

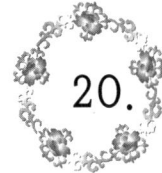# 20. 가만히 있음을 견디지 못함

의식이 깨어있지 않고 잠을 자고 있는 사람들의 한 특징은 잠시도 가만히 있지 못한다는 것입니다.
그들은 의식의 공백을 두려워합니다. 행동의 공백을 두려워합니다. 그들은 항상 무엇인가를 하고 있어야 합니다.
시간이 있으면 그들은 텔레비전 앞에 앉아 있습니다. 그래서 아무 생각 없이 시간을 보내며 각종 쓰레기를 머리 속으로 집어넣습니다. 마치 최면술에 걸린 것처럼 그 앞에서 멍한 상태로 취해있습니다.

텔레비전이 끝이 나면 그들은 정신이 돌아올까요? 아닙니다.
텔레비전을 보는 것이 지겨워지면 이제는 전화기를 들고 수다를 떱니다. 소주에 취한 후에 다음에는 양주에 취하듯이 그들은 이제 다른 꿈 속에 잠기려 하는 것입니다. 물론 전화 통화를 할 사람이 없으면 그들은 외로움을 느낍니다.
아무 의식 없이 본능적으로 이 이야기 저 이야기를 하면서 취해 있다가 그것이 끝나면 그들은 다시 정신이 취할 다른 것들을 찾습니다. 그것이 없으면 하다못해 책이 라도 봐야 합니다.

정신없이 책을 보는 것도 취해있는 것은 마찬가지입니다. 아무튼 이들은 무엇인가를 해야만 하며 의식을 빈 공간으로 쉬고 있는 상태로 두지 못합니다. 습관적으로 그렇게 하게 됩니다.

이들은 그렇게 잠시도 행동을 멈추지 않습니다. 계속 의식을 잠재운 채로 본능적으로 움직입니다.
아무 생각 없이 그렇게 시간을 보내다 밤이 되면 잠자리에 듭니다. 혹시 잠이 들지 않고 의식이 깨어있게 되면 그들은 잠이 오지 않는다고 온갖 걱정을 합니다. 수면제를 먹고 또는 다른 방식으로 잠을 자려고 애를 씁니다. 그런 식으로 마취 상태 속에서 시간을, 인생을 꿈처럼 보내는 것입니다. 언젠가 정신이 깨어날 때의 그 비참함을 알지 못하고 말입니다.

건강에 가장 치명적인 것은 적게 움직이는 것에 비해서 위장에 너무나 많은 음식을 넣는 것입니다.
먹은 만큼 움직이지 않으면 그 음식들을 소화되지 않습니다. 그래서 기운이 막혀서 흐름이 정체되고 그 잉여 음식들은 몸 안에서 쌓여서 다 독이 되고 암이 되고 질병이 됩니다.
그렇기 때문에 건강의 기본은 적게 먹고 많이 움직이는 것입니다. 그러므로 단식을 통해서 위장을 비우는 것은 대부분의 질병을 빨리 회복시키는 데에 도움이 됩니다.
그러나 단식이 쉬운 것은 아닙니다. 탐욕이 영혼을 망친다는 것을 잘 알면서도 그것을 버리기 어려운 것처럼 음식에 대한 집착과 욕망이 단식을 방해하는 것입니다. 그래서 몸이 망가져 죽어가면서도 사람들은 음식의 쾌락을 포기하지 못합니다.

의식을 비우는 것도 이와 같습니다. 의식이 쓰레기로 가득 차는 것은 위장이 가득 차는 것 이상의 공해입니다. 그것은 어둡고 혼미한 의식을 일으키는 주범입니다.
의식을 잠시도 쉬게 하지 않고 계속 쓰레기를 집어넣는데 어떻게 의식이 맑고 선명할 수 있겠습니까? 그것은 가능하지 않은 일입니다.
과거에 영성에 대해서 많은 책을 낸 바 있는 어떤 유명한 사역자는 이렇게 의식을 비우는 것에 대해서 우려를 표하였습니다. 머리를 비울 때 악한 영들이 그 의식을 차지하고 사로잡을 수 있다는 것입니다.
나는 그가 어떻게 마음을 놓고 잠을 자는지 참으로 궁금합니다. 사람은 잠을 잘 때 누구나 다 의식이 비워지기 때문입니다. 그러니 그렇게 의식이 비워져 있을 때 귀신이 침투할까봐 걱정이 되어서 어떻게 잠을 자는지 궁금한 것입니다.

의식은 자주 비워져야 합니다. 그것은 위장을 가끔 비우는 것보다 더 중요합니다. 그것은 의식을 신선하고 명료하게 만드는 것입니다.
하지만 오늘날 사람들은 의식의 비움에 대해서 알지 못합니다.
은행에 가서 기다릴 일이 있으면 꼭 무슨 잡지라도 봐야 합니다. 식사를 하면서도 열심히 신문을 보고 책을 보는 사람도 있습니다.
어떤 이들은 화장실에 가면 으레 책을 들고 갑니다. 그것은 바로 바보가 되는 지름길입니다. 그런 식으로 의식을 중노동 시키면 정작 귀중한 판단이 필요한 시점에 의식은 제대로 활동하지 못합니다. 나도 전에는 화장실에 갈 때마다 책을 가지고 가곤 하였습니다. 그러나 이것이 영의 각성에 방해된다는 것을 알게 된 후에는 더 이상 그렇게 하지 않게 되었습니다.

쉴 새 없이 눈이 이것을 보고 저것을 보고 머리에 이것을 집어넣고 저런 행동을 하고. 이러한 것은 본능적으로 사는 것이며 의식적으로 사는 것이 아닙니다. 이것은 멍청한 삶입니다.
이렇게 항상 의식이 무엇인가를 보거나 하면서 의식을 본능적으로 움직이는 사람은 의식이 조용해지면 잠이 들어버립니다. 조용함을 견디지 못하니까 의식이 바로 사라지게 되는 것입니다.
어떤 이들은 책을 들기만 해도 잠이 드는 사람이 있습니다. 이들은 정말 의식이 없는 것입니다.
무엇인가를 하지 않을 때 이러한 사람들은 견디지를 못합니다.
이러한 사람들은 혼자를 견디지 못합니다. 그래서 외로움을 잘 탑니다. 그렇기 때문에 항상 주위에 누군가가 있어야 합니다.
그 이유는 무엇일까요?
그것은 혼자만의 고요한 시간, 아무 것도 하지 않고 있을 때 내면의 세계가 열리게 되는데 이들은 내면이 거의 개발되지 않았기 때문입니다.

그들은 그들의 의식 내부에 들어가지 못합니다. 거기에는 쓰레기로만 가득 차 있고 전혀 아름답게 정돈이 되어 있지 않기 때문에 그가 자신의 내면을 발견하게 되면 거기에는 어두움과 두려움, 그리고 분노와 슬픔과 악성이 가득한 것을 알게 될 것입니다.

그러므로 그들은 자기 속의 진정한 모습과 부딪치지 않으려고 합니다. 그래서 그들은 자꾸 다른 사람들과 같이 있어서 떠들며 바깥의 활동에 빠져서 자기로부터 도망치려고 하는 것입니다.

하지만 기억해야 할 것이 있습니다.
언젠가 우리의 내면세계는 밝히 드러난다는 사실입니다.
사람들은 자신을 보지 못합니다. 그래서 꿈에 취해서 바깥에서 이리저리 뛰어 다닙니다. 그러나 언젠가 주님 앞에서 우리의 모든 내면의 모습은 드러나게 될 것입니다.
우리는 놀랄지도 모릅니다. 비로소 깨어났을 때 보이는 우리의 모습은 너무 비참하기 때문입니다.
하지만 그 때는 깨어나기에 너무 늦었습니다. 그 때는 이미 모든 것이 결정된 때이기 때문입니다. 우리는 우리가 육체를 가지고 살아있을 때 깨어나야 하는 것입니다.

원숭이가 이 나무에서 저 나무로 뛰듯이 우리는 이 행동에서 저 행동으로 옮겨 뜁니다. 이 생각에서 저 생각으로 옮겨 뜁니다. 그러나 우리는 땅에 내려와야 합니다.
우리의 행동을 멈추고 조용히 자신을 찾아야 합니다.
자신을 발견하고 자신의 의식을 발견해야 합니다. 그것이 변화의 시작입니다.
 부디 본능적인 행동을 멈추시기를 바랍니다. 생각 없이 이것저것에 빠지지 마시기를 바랍니다. 우리는 깨어나야 하기 때문입니다.

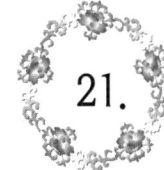

21. 자신을 보게 되는 깨어남

어떤 이가 툭하면 남을 비판하는 것을 보았습니다. 높은 권위에 대해서도 비판하고 세상의 성향도 비판하고 모든 눈에 띄는 사람들의 잘못에 대해서 비판하는 것을 보았습니다.

나는 그에게 그것은 옳지 않다고 말하고 그의 잘못된 부분을 이야기 하였습니다.

놀랍게도 그는 울기 시작했습니다. 자기에 대해서 비판적으로 말한다는 것이었습니다.

이것은 우스운 일 같지만 흔히 있는 일입니다. 즉 남을 쉽게 비판하는 사람은 자신에 대한 아주 작은 비판에 대해서도 견디지 못하며 깊은 상처를 받는다는 것입니다.

어떤 젊은 청년이 잘 알지도 못하면서 기존 사역자들을 비판하는 것을 본 적이 있습니다. 그런데 얼마 후에 이 청년은 다른 동료들에게 약간의 오해를 받게 되었습니다.

이 청년은 깊은 자기 연민에 빠져 눈물로 자기를 변호하기 시작했습니다. 오해를 당하는 자기의 마음이 얼마나 고통스럽고 끔찍한 지에 대해서 열변을 토하기 시작했습니다. 이런 모습은 아주 흔하게 보게 됩니다.

비판을 쉽게 하는 이들의 특성은 무엇인가요?
그것은 그들의 영이 마비되어 있다는 것입니다.
그들은 자신과 자신이 비판하는 이와 분리되어 있습니다. 즉 상대의 영과 마음을 전혀 느끼지 못한다는 것입니다.
영적 감각이 살아있는 사람이면 아무나 함부로 비판하지 못합니다. 그는 자기가 비판하는 사람의 마음 상태와 영의 상태를 그대로 느끼게 되기 때문입니다. 그러므로 그는 상대방의 아픔을 그대로 알 수 있기 때문에 함부로 말을 할 수 없는 것입니다.

비판하는 이들은 영적으로 잠을 자고 있는 것입니다. 즉 이들은 자신이 비판하고 있다는 사실을 알지 못합니다. 자기는 마땅한 말을 한 것이며 자신은 항상 옳다고 생각합니다. 이것이 바로 그의 영혼과 의식이 잠에 빠져 있는 것입니다.
이러한 이들이 자기가 심은 대로 비판을 당하게 되며 자기가 심은 대로 판단을 당하게 되는 것은 그의 마비된 영이 깨어나게 하기 위한 섭리이고 배려입니다. 즉 그는 고통을 통해서 비로소 자신이 무슨 짓을 했는지 알 수 있는 것입니다.

자신의 영을 보지 못한다는 것, 자신의 행동을 알지 못한다는 것. 이것이 바로 잠을 자는 이들의 특성이며 비극입니다.
남을 해롭게 하면서 그들은 그것을 알지 못합니다. 주님을 때리고 찌르면서도 그들은 아무 감각이 없습니다.
주님을 십자가에 못박으면서도 그들은 주님을 위한다고 생각합니다.

이는 그들의 의식과 영이 잠을 자고 있기 때문입니다. 그들은 마비되어 있기 때문에 주님의 마음을 느끼지 못합니다.

언젠가 외국에 선교를 하러 나갔다가 아내를 워낙 심하게 구타를 하는 바람에 문제가 되어서 선교를 중단하고 귀국한 선교사 가정을 본 적이 있습니다.
이것은 조금 극단적인 사례가 되겠지만 중요한 것은 얼마나 전도를 하고 선교를 하고 그러한 것이 아닙니다. 중요한 것은 본인이 얼마나 깨어있으며 어떠한 존재인가 하는 것입니다. 단순히 외적인 일을 많이 했다고 해서 상급을 받으리라고 생각하는 것은 오해입니다. 자신이 변화되고 자유함을 경험한 사람들만이 바른 사역을 할 수 있으며 사람들에게 참으로 자유한 삶에 대해서 가르칠 수 있는 것입니다.

어떤 이의 글을 보았습니다. 그 글에는 자신을 드러내는 영으로 가득차 있었습니다. 내용은 나쁘지 않았지만 그 안에서 흐르는 영은 그리 좋지 않았습니다.
하지만 그는 알지 못할 것입니다. 그는 자신의 영을 객관적으로 보고 느낄 수 없기 때문입니다.
어둠 속에 있을 때 우리는 분별을 할 수 없습니다. 어둠 속에서 살고 있기 때문에 악한 영의 통로가 되어도 우리는 그 사실을 알 수 없습니다.
악을 행하면서도 습관적인 죄에 찌들어 있으면서도 그 사실을 인식하지 못하는 것은 그가 어둠 속에 있기 때문입니다.

죄를 짓고 그 안에 거하는 것은 어둠 속에 있는 것입니다. 그러한 이들은 영적 시각을 잃어버리게 됩니다. 아무 것도 보이지 않게 되는 것입니다.
다른 사람은 그를 볼 수 있을 것입니다. 아니, 모든 사람이 그의 모습을 볼 수 있을 것입니다. 그러나 오직 자신만이 자신을 보지 못합니다. 그것은 어둠에서 나와야 만이 자신의 이전 모습을 볼 수 있는 것입니다.

화를 내면서 화를 내는 자신의 모습을 보지 못합니다.
남을 미워하면서 그렇게 하는 자신의 모습을 보지 못합니다.
그것이 바로 어둠 속에 거하고 있는 것입니다.

세 청년이 한 집에서 살았습니다. 그들은 장독에다 물을 길어서 채워놓고 그 물을 마시고 그 물로 쌀을 씻어 밥을 해먹으면서 살았습니다. 그런데 어느 날 부엌에 전기가 나갔습니다. 그들은 가난해서 부엌의 전등을 바꿀 수 없었습니다. 그래서 그들은 암흑 속에서 물을 떠다 먹었습니다.
삼일이 지나서 돈이 생겼습니다. 그래서 그들은 부엌의 전구를 새것으로 갈았습니다. 그래서 부엌에 광명이 왔습니다.
그들은 다시 장독 속에 있는 물을 먹으려고 했습니다. 그러다가 그들은 장독 밑에 쥐가 한 마리 빠져서 죽어있는 것을 발견했습니다.
그것은 끔찍한 일이었습니다. 그러나 어둠 속에서 물을 먹던 삼일 동안 그들은 그것을 알 수 없었습니다.

어둠 속에서 산다는 것은 바로 그런 것입니다. 암흑 속에서 아무 것도 분별하지 못하고 자신을 보지 못하고 자신의 영을 보지 못하고 사는 것입니다.

의식이 잠을 자고 있기 때문에 오늘날 사람들은 자신을 보지 못합니다. 자신이 무엇을 하고 있는지 보지 못합니다.
남을 비난하고 짜증을 내며 권위에 순종하지 않고 감사하지 않으면서도 자신을 보지 못합니다. 자신을 드러내고 높이면서도 그 사실을 알지 못합니다. 그리고 자신의 신앙이 좋다고 생각합니다. 그것이 바로 잠을 자고 있는 것입니다.

깨어있음의 가치는 얼마나 놀라운 것인지요! 우리는 그 기초 위에서 비로소 주님께 진정한 기도를 드릴 수 있을 것입니다.
진정한 자유를 주님께 구할 것입니다. 자신의 모습을 보고 알기 때문에 감히 남을 비판하거나 가르치는 일에 두려움을 느끼게 될 것입니다. 그리하여 오직 주님의 긍휼을 구하고 주님의 함께 하심을 사모하게 될 것입니다.

언젠가 주님 앞에서 깨어나기 전에 우리는 이 땅에서 깨어나야 합니다. 주님께서 '나는 너를 모른다' 하고 선고하시기 전에 우리는 이 땅에서 깨어나야 합니다. 우리가 살아있는 지금 이 시간은 은혜와 긍휼의 시간이기 때문입니다.

부디 깨어나십시오.
자신의 모습을 보여달라고 주님께 간구하십시오.
그렇게 깨어날 때 우리는 은혜 안에서 새롭게 변화될 수 있는 것입니다.

# 22. 혼미한 의식의 전달

기도를 하고 말씀을 깊이 묵상하는 중에 나는 머리가 열리는 듯한 느낌을 얻게 되었습니다.
말로 표현하는 것이 쉽지 않지만, 마치 시원한 바람이 머리를 통과하는 것같은 느낌이 들었습니다. 머리에 시원한 물줄기가 쏟아지는 것과도 같고 하늘에서 빛이 머리에 쏟아지는 것과도 같은 그러한 느낌이었습니다.
마치 머리에 꿀물이 흐르는 것과도 같았습니다. 머리가 너무 자유롭고 시원해서 아예 없어진 것 같기도 했습니다. 바람이 무사통과하는 것 같기도 했습니다.

기도할 때마다 그러한 느낌은 반복되었습니다. 그렇게되자 여러 가지의 다양한 느낌들이 따라오기 시작했습니다. 많은 통찰력이 생겨났고 이유 없이 어떠한 사실을 알게 되었습니다. 그리고 다른 사람들의 상태를 그냥 느낄 수 있게 되었습니다.

머리가 시원하게 맑아지는 경험을 하게 되면서 다른 사람들의 머리와 그 생각들이 혼미한 어둠 속에 있다는 것을 알게 되었습니다. 다른 사람들과 가까이 있으면 머리가 너무 아팠습니다. 어떤 사람의 곁에 가면 마치 머리가 깨어지는 것 같았습니다.

특히 사역자들의 곁에 가까이 가게 되면 머리가 혼미해지고 피곤해지는 경향이 많았습니다.

단순한 사람은 비교적 머리가 아프지 않았지만 머리가 좋은 사람들, 복잡하고 생각이 많은 이들, 우울하고 어두운 사람의 곁에 가까이 가면 머리가 터지는 것 같은 고통을 느끼게 되었습니다.

나는 대부분의 사람들이 혼미하고 어두운 상념 속에서 살고 있다는 사실을 알게 되었습니다.

어느 날 나는 어떤 남자 집사님과 함께 어떤 교회의 철야집회에 참석하기로 했습니다. 그런데 그의 차를 타는 순간 나의 머리에 혼미함이 가득 차 버렸습니다. 머리가 순식간에 멍청해져서 아무 것도 생각할 수 없게 되었습니다. 그저 모든 것이 혼미해졌습니다.

그 날 나는 가지고 있던 지갑을 잊어버렸습니다. 이 때 나는 처음으로 의식의 혼미함은 전달된다는 것을 알게 되었습니다. 어떤 사람의 의식이 혼미하고 머리의 생각이 복잡하고 어두울 때 영이 열린 사람은 그의 곁에 가까이 있기만 해도 그 악한 상념이 전달되며 피해를 입게 된다는 것을 알았습니다.

나는 그 집사님의 평소 상념이 혼돈과 세상의 생각, 기운으로 가득 차 있다는 것을 느끼고 알 수 있었습니다.

지갑을 잃어버리면서 나는 또 한 가지를 배웠습니다. 머리가 그처럼 혼미한 상태에서는 반드시 좋지 않은 일이 생긴다는 것입니다. 그렇기 때문에 맑고 밝은 의식의 상태를 유지해야 한다는 것을 알았습니다.

생각은 곧 영계와 관련이 있는 것입니다. 혼미한 생각은 혼미한 영계를 끌어당깁니다. 따라서 머리가 맑지 않으면 결코 좋은 일이 생길 수 없습니다. 그러므로 그리스도인들은 특히 머리를 맑게 해야하며 자신의 모든 생각을 주님이 다스리시도록 의탁해야 합니다.

한번은 어떤 자매가 도움을 요청해왔습니다. 남편이 자기를 의심하고 있으니 남편을 설득하는 것을 도와달라는 것입니다.
그녀의 남편은 나를 신뢰하고 있었습니다. 그러므로 내가 말하는 것을 잘 들을 것입니다.
그러나 그녀가 그러한 부탁을 하고 있을 때 나의 머리는 혼미함으로 가득 차 버렸습니다. 머리 전체에 저리고 어지럽고 둔탁하며 고통스럽게 막혀 있는 느낌이 들었습니다.
나는 고통스러웠지만 그것이 어떤 영인지 알 수가 없었습니다.

아무튼 나는 그녀의 부탁대로 남편에게 조언을 주었습니다.
그리고 조금 시간이 지나서 나는 상황을 알게 되었습니다. 그녀가 한 말이 모든 것이 거짓말인 것을 알게 되었습니다. 그녀는 학벌을 속이고 부모의 지위를 속이고 속일 수 있는 모든 것을 속여서 결혼을 했습니다. 내가 그녀에게서 느꼈던 혼미함과 막힘과 고통스러운 느낌은 거짓의 영이었습니다.

한번은 토요일이 되어 설교를 준비하고 있었습니다. 교회에서 기도를 하고 있는데 평소에 교회에서 기도를 많이 하는 자매가 교회에 왔습니다.

그녀를 보는 순간 또 다시 머리에 혼미함이 왔습니다.

그녀와 떨어져 있으면 조금 나았습니다. 그러나 1미터 정도 가까이 가면 머리가 뱅뱅 돌았습니다. 나는 설교 준비를 한 내용을 다 잊어버렸습니다. 머리는 완전히 멈추어 버려서 나는 아무 생각도 할 수 없었습니다.

그것은 참 이상한 일이었습니다. 그녀는 기도를 많이 하는 자매였기 때문입니다.

나는 그녀에게 지금 어디서 오는 길이냐고 물었습니다. 그녀는 얼굴이 빨개지더니 애인과 같이 술집에 갔다 왔다고 했습니다.

나는 그 경험을 통하여 조금 전에 느낀 혼미함과 머리의 고통스럽게 저린 느낌은 음란과 향락의 기운인 것을 알게 되었습니다.

나는 이런 경험을 많이 했었습니다. 그리고 그 결과 대부분의 사람들은 그리스도인이든지 아니든지 거의 생각이 어둡고 더럽고 복잡하다는 것을 알았습니다.

그 이유는 무엇일까요? 그것은 그들이 의식의 잠 속에 빠져 있기 때문입니다. 그들은 잠 속에 빠져서 자신의 생각을 지키지 못했습니다.

그들은 그것을 느끼지 못했고 컨트롤하지도 못했습니다. 세상의 영들, 악한 영들, 더러운 생각들은 그들의 머리를 마음대로 헤집고 다녔습니다. 그것은 당연히 노예의 생활과 같은 것이었을 것입니다.

대부분의 사람들의 의식 상태가 그처럼 어둡고 혼미하다는 것을 알고 나는 조심을 하게 되었습니다.
나는 그 사람의 지위나 신앙경력에는 그다지 관심을 기울이지 않게 되었고 그의 영이 맑은지 그의 의식이 깨어있는지 거기에만 관심을 가지게 되었습니다. 유감스럽게도 지도자일수록 그들의 영은 좋지 않았습니다. 세상에서 유명한 것과 영의 맑음과는 별로 관계가 없었습니다. 신앙경력이나 지위도 영의 맑음과는 별로 관계가 없었습니다.
생각이 혼미한 사람이 자꾸 접근해서 질문을 하고 가까이 오려고 하면 나는 너무나 머리가 아프고 힘들었기 때문에 그것을 중단시킬 수밖에 없었습니다.
그 때문에 분노하는 사람들도 많았지만 나는 그들이 영의 청결함과 깨어남을 경험하지 않으면 무엇을 가르쳐도 아무 것도 먹을 수 없음을 알게 되었습니다. 그들은 마비상태에 있었기 때문에 자신의 상태를 알 수 없었던 것입니다.
사람들을 도와주려고 하다가 쓰러진 적이 한 두 번이 아니었습니다. 그러나 영이 둔감한 사람은 그러한 일을 이해할 수 없었습니다.

기도를 하면서 뇌의 맑고 시원한 상태를 경험하기 전까지 나는 다른 사람들의 어두운 상태에 대해서 잘 알지 못했습니다. 그리고 나 자신도 과거에 그러한 어둠의 상태 속에 있었는지에 대해서도 인식할 수 없었습니다.
하지만 머리가 맑아지고 의식이 분명해지기 시작하면서 나는 새로운 인식의 길이 열린 것을 느끼게 되었습니다.

그것은 참으로 맑고 자유로운 경험이었습니다.

그러나 일단 그러한 자유와 빛을 경험한 후에는 뇌가 막히고 영적 지각이 막히게 되면 그것이 너무나 답답하게 느껴져서 견디기가 힘들어졌습니다. 나는 빨리 의식을 회복하고 빛을 회복하고 시원함을 회복하여야 견딜 수 있었습니다. 빛을 경험하면 어둠을 견디기가 어렵다는 것은 모든 사람들에게 있어서 당연한 일일 것입니다.

지금 우리가 사는 이 세상에는 영계로부터 악한 상념과 혼란스러운 생각들이 얼마나 많이 쏟아지고 있는지 모릅니다. 영이 정화되지 않고 깨어나지 않은 사람들은 그러한 혼란스러운 생각과 상념들에게 사로잡히게 됩니다.

무익한 공상에 빠져있거나 더러운 상념에 잡혀있는 이들은 그러한 영들의 포로가 되어있는 사람들입니다. 그들은 자신들이 포로 상태인 것도 알지 못합니다. 그들은 의식이 깨어날 때 비로소 그들의 노예상태에서 벗어나게 됩니다.

혼미한 의식과 그 기운들은 전달됩니다. 예민한 사람들은 그것을 느끼고 둔감한 사람들은 그것을 느끼지 못합니다. 그러나 그 기운이 흘러 들어간다는 것은 동일한 것입니다.

그러므로 한 사람이 혼미한 영에 잡힐 때에 그 사람의 주위에 있는 모든 사람들은 그 혼미한 기운의 영향권 속에 들어가게 됩니다. 이것은 모든 대인관계에 조심이 필요하다는 것을 보여줍니다.

오늘날 많은 사람들이 혼미한 정신을 가지고 있으나 그 사실 자체도 잘 지각하지 못합니다. 그래서 혼미한 정신으로 모든 것을 판단하며 그러한 어둠 속에서 살아갑니다.
자신의 상태를 알지 못하며 그러한 혼미함을 당연한 것으로 알고 있기 때문에 어떻게 거기에서 벗어나야 할지에 대해서도 모르고 있는 것입니다. 그것은 몹시 비참한 일입니다.

의식이 깨어날수록 우리는 마음과 의식을 맑게 하고 지키는 것이 중요한 것임을 알게 됩니다. 그리고 그것은 곧 전쟁인 것을 이해하게 될 것입니다.
우리의 의식을 점령하기 위해 마귀는 항상 치열한 공격을 하고 있습니다. 그러므로 자신의 의식을 깨우고 정화시키지 못하는 자들은 마귀의 밥이 되는 것이며, 영적으로 전혀 유능하지 못한 사람이 되는 것입니다.
아무리 기도를 많이 해도 평소의 의식을 잘 관리하지 못한다면 그 기도의 기쁨은 오래 가지 않습니다. 순결하고 맑게 깨어있는 의식과 분별력이 우리의 강력한 무기이며 능력이 될 수 있는 것입니다.

의식은 밝고 아름답게 깨어나야 합니다. 그것은 진정 아름다운 세계입니다. 의식이 깨어난 이들에게는 더럽고 혼미한 영과 상념이 가져다주는 끈적거림과 추잡함과는 비교할 수 없는 아름답고 거룩하고 순결하고 행복한 세계의 기쁨이 임하는 것입니다.
영계에는 비밀이 없습니다. 이 땅의 물질세계에서는 자기 혼자만의 생각과 비밀을 가지고 있다고 여기지만 영계에서 그것은 온 천하에 드러납니다. 그러므로 아직 이 땅에 있을 때에 우리는 정결함을 경험해야 합니다.

부디 이 의식의 깨어남과 맑고 명료한 의식을 사모하십시오.
우리가 진정 간절하게 구할 때 주님은 우리의 의식을 맑게 씻어주실 것입니다. 그리고 그 순결함 속에서 많은 보화와 아름다움을 경험하게 해 주실 것입니다.

23. 몰입에서 벗어나십시오

의식이 없거나 부족한 이들은 무엇을 하든지 거기에 빠져버립니다. 왜 그것을 하는지 그 방향과 목적은 무엇인지 그는 깡그리 잊어버립니다. 그냥 단순히 그 세계에 몰입되어 버리는 것입니다. 바로 그것이 자신을 잃어버리는 것입니다.
자신을 잃어버리고 무의식 속에서 사는 것 그것이 몰입입니다.

몰입이란 무서운 것입니다. 어떤 이들은 사랑을 하면서 자신을 잃어버립니다. 그들은 그 사랑을 잃어버리면 자신의 생명이 끝나는 것으로 생각합니다.
어떤 이들은 게임을 하면서 자신을 잃어버립니다.
어떤 이들은 텔레비전 드라마를 보면서 거기에 빠져 버립니다. 그것이 실제인양 화를 내거나 우는 사람도 있습니다. 아예 방송국에 전화를 하는 사람들도 있지요. 그들의 의식은 유치원생과 같아서 실제와 허상을 구분하지 못하는 것입니다. 또 어떤 이들은 취미 생활을 하면서 거기에 몰입되어 자신을 잃어버립니다.

어떤 이가 이런 이야기를 하는 것을 신문에서 읽은 적이 있습니다.
"브레이크 댄스 - 이 춤에 빠지면 세상의 모든 것을 다 잃어버리게 되요. 너무 신나죠. 세상에 전쟁이 나든지 말든지 상관없게 된다구요."
그것은 무서운 일입니다. 그런 식으로 사람들은 자신을 잃어버리고 본능적인 사람이 되는 것입니다.

그러한 몰입에서 깨어나면 사람들은 어떤 기분을 느낄까요?
바로 허무함입니다. 그들은 현실 세계가 너무 팍팍하게 느껴져서 다시 그 몰입의 상태로 들어가고 싶어하게 됩니다. 자신을 잃어버리고 아무 근심도 걱정도 없는 그 몰입의 상태로 다시 가고 싶어하는 것이지요.
하지만 그렇게 자기의식을 상실하는 것은 의식이 마비된 것이지 초월상태가 된 것이 아닙니다. 그저 도피하는 것에 지나지 않는 것이지요. 의식을 오래 잃고 있을수록 나중에 깨어날 때는 고통이 더 심하게 되는 것입니다.

시시한 토론을 하면서도 아무 것도 아닌 것을 가지고 거기에 목숨을 거는 이들을 많이 보았습니다.
그것은 정말 쓸데없는 몰입입니다. 그러한 몰입을 통해서 자신의 자각력, 의식력은 점점 더 소멸되어서 결국 짐승에 가까워지기 때문입니다.
통찰력이란 정말 중요하고 아름다운 것입니다. 이 통찰과 지각이 발전할수록 사람은 깊고 새로운 세계에 들어가게 됩니다. 본능의 세계에서 인간의 세계로, 인간의 세계에서 신성이 넘치는 영광의 세계로 나아가게 됩니다.

우리는 이 의식과 지각의 힘을 발전시켜야 합니다. 이를 위해서 사소한 것에 지나치게 몰입하지 말고 의식이 깨어있는 상태를 유지할 수 있어야 합니다. 항상 어디서 무엇을 하든지 자신을 잃어버리지 말아야 합니다.

거기에 익숙할 수 있을 때 우리는 좀 더 자유로운 삶을 살 수 있게 될 것입니다. 의식이 깨어나게 되면 될수록 그것은 바로 자유입니다.

24. 흥분은 의식을 잃게 합니다

의식이 별로 없는 이들의 한 특성은 자주 흥분한다는 것입니다. 무슨 일이든지 쉽게 흥분하는 사람들은 의식을 거의 가지고 있지 않은 것이며 그나마 얼마 없는 의식까지 쉽게 잃어버리는 사람입니다.

나는 늙은 노부부가 사소한 언어 표현을 가지고 흥분하며 싸우는 것을 많이 보았습니다.
사소한 접촉 사고가 났을 때, 그리고 이웃에 사는 사람들 사이에 주차 문제로 거의 죽일 듯이 흥분하며 싸우는 것을 많이 보았습니다.
새 집에 이주했는데 집에 하자가 있다고 공사를 담당한 사람에게 마치 부모를 죽인 원수를 대하는 양 흥분하고 소리를 지르는 것을 보았습니다. 버스를 타는데 빨리 타라, 왜 반말이냐, 하는 문제를 가지고 흥분해서 정말 살벌한 싸움이 되는 것을 보았습니다.

그것은 자기 영혼을 죽이는 일입니다. 의식을 잠재워서 동물의 수준으로 떨어지는 가장 쉬운 방법입니다. 만일 그렇게 흥분하는 사람이 그리스도인이라면 그는 흥분이 가라앉기 전에는 주님께 기도하고 찬양을 드리기가 어려울 것입니다. 흥분은 영을 죽이기 때문입니다.

흥분도 일종의 몰입입니다. 그것은 영성과 의식을 죽이며 우리 안에 있는 육성, 동물성을 자극합니다. 그러므로 우리는 흥분을 하면 할수록 동물에 가까워지게 되는 것입니다.

갈릴리 바다의 그 무서운 파도 속에서도 편안하게 잠을 주무시던 주님의 평강을 우리는 기억해야 합니다. 갈릴리 바다에서 잔뼈가 굵었으며 수없이 많은 험한 파도를 경험했던 제자들도 두려움 앞에서 흥분하며 자기의 마음을 지키지 못했습니다. 그러나 주님의 마음은 호수처럼 잔잔하고 흔들리지 않았습니다.

그리고 그 마음의 고요함은 성난 파도를 고요하고 잔잔하게 만들었습니다.

의식이 깨어날수록 그것은 육체와 환경을 초월하게 됩니다. 그것은 우리의 육성을 벗어나 영원한 실체로서의 자신을 의식하게 되는 것입니다. 거기에는 죽음도 없고 두려움도 없습니다. 오직 잔잔히고 고요한 평강이 있을 뿐입니다.

두려움과 흥분은 다 영적인 무지에서 오는 것입니다. 눈앞에 보이는 그림자들을 영원한 실체로 착각하는 과정에서 오는 것입니다.

오늘날 세상은 흥분하고 세상의 사람들은 흥분합니다.

텔레비전에서 나오는 조그만 뉴스에도 흥분하고 난리를 꾸밉니다. 주식이 떨어졌고, 전쟁의 소문이 있고, 집값이 오르고……. 그러한 이야기를 하면서 사람들은 흥분합니다. 최신 뉴스를 먼저 알고 싶어서 난리를 치며 거기에 따라서 마음과 생각이 흥분하고 요동을 칩니다. 그것은 너무나 낮은 삶이며 비참한 삶입니다.

그러므로 우리는 침착하고 차분하게 우리의 의식을 잃어버리지 말고 항상 깨어있어야 합니다. 훈련을 통해 연습을 통해 우리는 점차로 평정심을 잃지 않는 상태로 나아가야 합니다.
어느 정도 훈련이 되면 우리는 환경의 변화에도 그다지 흔들리지 않게 됩니다. 우리의 의식이 서서히 깨어나게 되는 것입니다.

의식이 깨어난 그리스도인들은 바로 자유로운 사람들입니다.
깨어나면 깨어날수록 우리는 초연하고 평안하며 자유롭게 될 것입니다.
우리는 파도 속에서도 편안할 것입니다.
죽음이 코앞에 와도 우리는 평안할 것입니다.
깨닫고 열리고 지각이 눈을 뜰수록 우리는 평안해집니다.
그리고 그 평안은 이 세상에서 오는 것이 아닙니다.
은행 예금계좌에서 오는 것이 아니며 우리의 지위에서 오는 것이 아닙니다.
그 평안은 천국에서, 주님에게서 옵니다. 그러므로 지각이 열릴수록 우리는 평안과 안식과 자유함 속에서 살 수 있게 되는 것입니다.

25. 조급함과 의식

생각보다 행동이 앞서는 사람들이 있습니다. 무슨 생각이 떠오르면 그 즉시 말하고 움직이는 사람들입니다.
이들은 속에 무엇을 담고 있기 어렵습니다. 속에 있는 것이 있다면 말하거나 나타내야 합니다. 이들에게 한동안 비밀을 지키라고 한다면 아마 정신병에 걸릴 지도 모릅니다.
이들은 대체로 의식이 부족한 사람들입니다. 예수님의 제자들 중에 베드로가 이러한 유형의 사람이라고 할 수 있을 것입니다.
물론 베드로가 나중에 변화되어서 초대 교회의 중요한 기둥으로서의 역할을 감당했듯이 이러한 기질의 사람늘도 얼마든지 변화되고 성장할 수 있습니다. 다만 그 스타일을 바꾸지 않으면 지각의 깨어남이 어렵게 됩니다.

물론 행동력이 부족해서 항상 생각만 하고 망설이기만 하고 실천에 옮기는 일이 거의 없는 사람들이 이들보다 낫다고 말하는 것은 아닙니다. 다만 행동이 생각보다 먼저 나가는 이들은 진리적인 사람이 아니라는 의미입니다.

어떤 이들은 항상 마음이 바쁘고 쫓깁니다. 이들은 마음먹은 일을 끝내지 못하면, 지금 하고 있는 일을 마치지 못하면 마음에 평화가 없습니다. 그래서 이들은 누가 시키지 않더라도 일을 마치기 전까지는 잠도 자지 못하며 스스로를 채찍질합니다. 이러한 사람들이 자기와 다른 사람들, 게으르고 책임감이 부족한 사람들을 보게 되면 아마 견디기가 어렵겠지요.

책임감이 있는 것은 좋은 일입니다. 그러나 마음이 쫓기는 것은 좋지 않습니다. 그것은 의식이 부족한 것입니다. 그것은 주인의 영이 아니라 종의 영입니다.
그들은 일을 빨리 마치려고 합니다. 그들은 의식을 가지고 일하며 일을 즐기거나 누리기 어렵습니다. 그들은 다만 서두르며 어서 빨리 일에서 벗어나려고 합니다. 그들은 몸의 상태에 있는 것이며 종의 상태에 있는 것입니다. 의식이 머리에 있을 때 그것은 주인의 상태에 있는 것이며 의식이 몸에 있을 때 그것은 종의 상태에 있는 것입니다.

바쁜 마음은 의식을 소멸시킵니다. 그것은 본능을 일으킵니다. 그것은 지혜를 빼앗아갑니다. 그러므로 많이 서두르는 사람은 결코 좋은 열매를 맺기 어렵습니다.
가축들은 채찍을 맞으며 일을 합니다. 꾸물거리거나 말을 듣지 않으면 가차없이 채찍을 맞습니다. 그러나 일이 끝나더라도 그들은 또 다른 일에 쓰이게 됩니다. 일을 마쳤다고 가축에게 행복이 오는 것은 아닙니다.
바쁘고 쫓기는 사람은 자기 스스로를 가축과 같이 학대하고 있는 것입니다. 그러한 사람은 일이 끝나면 또 다시 다른 일로 자신을 학대하며 서두르며 자신을 몰아세울 것입니다.

이러한 이들은 언어에도 조급합니다. 빠르게 말하느라고 말을 더듬기 마련이며 말이 빨라서 상대방이 알아듣기도 힘듭니다. 마음은 저 멀리 뛰어가고 있는데 입술은 몸에 속한 것이라 마음의 속도를 따라 가지 못하기 때문입니다.
또한 이들은 마음이 바쁘기 때문에 느릿느릿 말하는 사람의 이야기는 끝까지 듣지 못합니다.
이런 이들이 대표기도를 하게 되면 뒤에서 누가 쫓아오는 것처럼 급하게 기도를 드립니다. 그러한 기도를 듣고 있으면 듣는 사람들도 같이 마음이 불안하고 조급해집니다.

이러한 것은 육체 의식의 특징입니다. 이러한 쫓김은 몸으로부터 나오는 것입니다. 영혼에서는 조급함이 없습니다. 생명이 있는 자연은 모든 것이 평화롭고 순리대로 자연스럽게 서서히 흘러갑니다.
습관적으로 아주 빨리 걸어가던 어떤 사람이 숨이 차서 헉헉거리며 그 자리에 멈추어 섰습니다. 그리고 속으로 이런 자문을 했습니다.
"나는 왜 이렇게 빨리 가고 있는 것일까? 나는 왜 이렇게 서두르는 것일까?"
그것이 바로 의식이 깨어나는 지점입니다. 그렇게 자기 자신을 인식하기 시작하는 것이 의식이 깨어나는 출발점인 것입니다.
그러나 마음이 쫓기는 대부분의 사람들은 자신이 그렇게 쫓기고 바쁘게 사는 줄도 모릅니다.
주위에 있는 느긋한 이들을 닦달하며 짜증과 신경질 속에 정신없이 살면서도 그들은 자신을 보지 못합니다. 속에 울화와 불안감이 가득 차 있어도 그들은 자신을 보지 못합니다. 그들은 지금 잠들어 있기 때문입니다. 그들은 지금 꿈속에서 바쁜 것입니다.

사실 그들은 그리 바쁜 것도 아닙니다. 그들이 서두르고 있는 일들은 사실 서서히 여유를 가지고 해도 충분히 할 수 있는 일들입니다.
성질이 급한 사람은 차가 밀려서 정체가 되면 견디지를 못합니다. 그래서 조금만 틈이 있으면 차선을 바꾸려고 옆의 차선에 끼어듭니다. 차를 몰고 가는 어떤 사람이 좀 더 빨리 가기 위해서 틈만 나면 옆의 차선으로 끼어들고 또 다시 틈이 나면 차선을 바꾸어서 끼어들고, 그런 식으로 하다가 나중에 계산해보니 그냥 그 차선에서 묵묵히 가는 사람보다 별로 빠르지 않았다는 결론이 나왔다고 합니다.
이와 같이 서두르는 사람이 그렇게 서두르는 만큼 일을 효율적으로 하는 것은 아닙니다. 어떤 사람은 차분하고 여유 있게 일을 하면서도 오히려 많은 결실을 얻습니다. 서두르는 것은 효율과는 거리가 먼 것입니다. 흥분하는 사람은 바늘귀에 실을 잘 꿰지 못합니다.

바쁘고 쫓기는 것이 의식의 부족에서 오는 것임을 우리는 이해할 필요가 있습니다. 그것은 우리 자신을 종으로 기계로 만드는 것입니다. 우리는 그런 식으로 우리를 학대할 필요가 없습니다.
의식이 깨어나지 않는다면 우리는 평생을 그렇게 종으로 살게 될지 모릅니다.
그것은 비참한 일입니다.
그러므로 우리는 의식을 깨우고 일으켜서 참된 주인의식을 가져야 합니다.
그리하여 동물처럼, 기계처럼 끌려가는 삶이 아니라 설계하고 주도하며 자연스럽고 편안하게 우리의 삶을 운행해 나가야 하는 것입니다.

26. 표면 의식과 깊은 의식

의식에는 깊은 의식이 있고 낮은 의식이 있습니다.
대부분의 사람들이 가지고 있는 의식은 본능적이고 감각적인 수준의 의식입니다. 이러한 의식은 표면에 있으며 표면의식이라고 할 수 있습니다.
표면의식은 바깥 세계로 향하는 의식입니다.
그리고 깊은 의식은 내면세계로 향하는 의식입니다.
대부분의 사람들은 내부 의식이 거의 깨어있지 않습니다. 그러므로 하루 대부분의 삶을 낮은 의식에서만 깨어있습니다.

낮은 의식, 바깥 의식이 사라지고 잠잠해질 때 우리의 안에서 내부 의식이 깨어나게 됩니다. 그러나 우리의 관심이 오직 바깥에 있는 것이면 우리의 내부는 깨어나지 못합니다.
의식이 낮은 곳에 머물러 있는 사람들은 하루 종일 보이는 것에만 관심을 가집니다. 그들은 내면의 고요한 의식에 대해서 알지 못하며 그러한 고요함을 두려워합니다.
그래서 그들은 바깥에 속한 일을 열심히 하고 또 그런 일을 찾다가 바깥에 속한 일이 멈추어 버리면 바로 잠이 들어버립니다. 낮은 의식과 잠을 자는 것 그 두 가지 사이의 중간이 없는 것입니다.

내부 의식이 깨어나지 않은 이들은 혼자 있는 것을 두려워합니다. 외로운 것을 싫어합니다.
그들의 관심은 항상 바깥에 있기 때문에 바깥에 아무도 없으면 그것을 견디지 못합니다.
내면세계가 열릴 때 비로소 천국이 열리고 주님의 실제가 분명해지는데 그들은 아직 천국과 주님에 대해서 멀리 있기 때문입니다.
만약 그 상태에서 삶이 끝나게 된다면 그것은 몹시 비참한 일입니다. 우리의 삶이 다하기 전에 먼저 내면세계가 열려야 합니다. 그것이 복입니다.

낮은 의식, 표면의식은 거친 의식입니다. 그것은 본능의 차원에 있습니다. 거기에는 고결함이 없습니다.
깊은 의식에서 많은 아름다움이 나옵니다. 진리와 지혜와 생명의 모든 풍성함이 나옵니다.
깊은 의식이 깨어날수록 사람은 초월하게 되며 동물의 몸을 벗어버리며 영광의 세계에서 거닐게 됩니다. 그것은 우리가 부름 받은 하나님의 거룩한 세계에 들어가는 것과 같은 것입니다.
깊은 의식에 들어갈수록 사람은 하나님의 형상을 따라 지음 받은 그 본연의 삶을 살게 됩니다. 그리하여 허탄한 것들에게 무릎을 꿇지 않게 됩니다.
깊은 의식이 깨어나지 않은 이들은 잠자는 것을 좋아합니다.
그렇게 아무 생각 없이 무의식 상태로 있는 것을 좋아합니다. 그저 육신의 쾌락과 몸의 편안한 느낌을 좋아합니다. 그러나 잠자는 것을 좋아하는 사람은 결코 깨어날 수 없습니다. 몸은 잠을 자더라도 그 마음은 깨어있는 그러한 훈련이 필요한 것입니다.

많은 사람들이 두려워하고 있는 불면증은 사실 축복에 가까운 것입니다. 노인이 되면 육이 쇠약해지기 때문에 사실 영이 깨어나기가 더 쉬운 것입니다. 혈기가 왕성할 때에는 영과 지각이 눈뜨는 것이 어렵습니다. 불면증은 육이 쇠하여서 의식이 깨어나는 과정에서 일어나는 것입니다.
그러나 사람들은 잠을 못 자게 되면 마치 큰 일이 나는 것처럼 두려워하고 난리를 꾸밉니다. 수면제를 먹고 잠을 자기 위해서 온갖 노력을 합니다. 그것은 자연스러운 일이 아닙니다.

불면증은 대부분의 사람들에게 고통을 줍니다. 거기에는 이유가 있습니다.
사실 불면의 상태 자체가 괴로운 것은 아닙니다.
잠을 자지 못하고 깨어있으면 그의 영이 영계를 인식하게 됩니다. 그리하여 그가 속한 영계와의 교류가 시작됩니다.
만약에 어떤 이가 깊이 성장하여 영이 아름다운 사람이라면 그는 불면의 상태를 통하여 천국의 빛을 경험하게 됩니다.
그러나 어두운 영의 상태를 가진 사람이라면 지옥의 악령들에게 시달리게 됩니다. 대부분의 사람들에게 불면이 괴로운 것은 그들이 어두운 영계에 속해있기 때문입니다.

영이 발전되지 않은 채로 형식적으로 교회를 다니는 이들이 자동적으로 다 천국에 속하게 되는 것은 아닙니다.
천국의 영으로 살지 않는 사람은 누구나 지옥의 영들에게 시달립니다. 예를 들어서 분노의 영이나 미움의 영이나 비난하는 영이나 탐욕의 영과 같은 것은 천국에서 오지 않습니다. 그러한 생각과 기운은 지옥에서 오는 것입니다.
낮에 그렇게 지옥의 생각과 상념으로 사는 이들이, 형식적으로 몸이 교회에 있다고 해서 밤에 잠을 잘 때 빛과 천국의 세계에서 안식을 할 수는 없는 것입니다.

영이 발전하고 열려서 천국의 영으로 사는 사람들은 불면의 상태에서 놀라운 평화와 기쁨을 얻게 됩니다. 그는 천국에서 실제적인 영적 에너지를 공급받게 되기 때문입니다.
그러므로 불면의 상태가 괴로운 사람들이 그 상태에서 무조건 잠을 청하며 거기에서 도피하는 것은 좋은 것이 아닙니다. 그들은 자신의 의식과 영을 깨우기 위해서 애를 써야 합니다. 아직 기회가 있을 때 육체가 있을 때 우리들은 아름다운 삶, 영의 삶, 깊은 삶을 추구해야 합니다.

우리의 의식이 오직 바깥에 머물러 있어서 환경에만 관심을 기울인다면 우리의 의식은 깨어나지 못할 것입니다.
그러므로 우리는 우리 자신의 영과 의식을 살펴야 합니다.
우리의 의식과 영이 아름답고 맑은 상태인지 아닌지, 오염되어 있는 것은 아닌지 살펴야합니다.

그러므로 잠을 자는 것을 좋아해서는 안 됩니다. 나태하고 혼미한 정신상태를 내버려두어서도 안 됩니다. 우리는 깨어있어야 합니다.

부디 깊은 의식이 깨어나는 것을 사모하시기를 바랍니다. 그것은 전혀 다른 새로운 세계의 시작입니다.

2부

깨어남의 방법과 원리

 1. 깨어남의 분위기와 원리

잠자고 있는 의식을 회복하고 깨우는 것은 중요한 일입니다. 거기에는 주님의 은총이 필요하지만 또한 우리의 노력이 필요합니다. 가만히 앉아서 주님의 은총이 임하기를 기다리기만 해서는 안 됩니다.
그러므로 그러한 깨어남을 위한 훈련이 필요하며 깨어나기 위한 삶의 자세가 필요합니다.

깨어남에는 그러한 분위기가 필요합니다. 깨어나기에 적당한 원리와 상황이 있다는 것입니다.
조금 역설적인 예를 들어보기로 하겠습니다.
사도바울은 그리스도인들을 멸망시키겠다는 욕망에 사로잡혀 다메섹으로 가고 있었습니다.
그는 영적으로 잠을 자고 있는 상태와 같았습니다. 그는 악을 행하고 있으면서도 그것이 하나님을 위하는 길이라고 생각했던 것이었습니다. 그러다 다메섹에서 홀연히 하늘에서부터 임하는 빛을 경험하고 그는 거꾸러졌습니다.
빛 속에서 음성을 듣고 그는 충격을 받았습니다.
그는 비로소 자기가 무슨 짓을 했는지 알게 되었습니다. 그에게 깨달음이 왔으며 얼마 동안 식음을 전폐한 고뇌와 반성의 시간이 지난 후

그의 삶은 180도로 바뀌게 되었습니다.

이것은 일종의 깨어남이라고 할 수 있는 것입니다. 무지의 어둠 속에 있다가 그는 갑자기 주님의 은혜로 인하여 영적으로 깨어나고 새롭게 태어나게 되었습니다.
그러나 이러한 깨어남은 예외적인 것임을 이해할 필요가 있습니다. 대체로 분노와 열정에 사로잡혀 행하고 있다가 홀연히 빛으로 얻어맞고 거꾸러지는 것은 일반적인 일이 아닙니다. 빛과 깨달음은 고요함과 잔잔함 속에서 얻어지는 것이 일반적인 것입니다.

나는 어떤 형제가 왜 자기에게는 바울과 같은 은총과 역사가 일어나지 않느냐고 불평하는 것을 보았습니다.
하지만 그것은 주님의 계획입니다. 주님은 바울에게 특별한 은총을 베푸셨습니다. 그처럼 사람의 의지를 거슬러서 억지로 역사하시는 경우는 예외적인 것이며 일반적인 역사라고 보기는 어렵습니다. 주님은 그를 특별하게 선택하시고 그에게 사명을 맡기신 것입니다.

그러므로 깨어남을 위해서 우리는 바울처럼 어느 날 갑자기 홀연히 모든 것을 발견하는 그러한 때가 올 것이라고 생각해서는 안 됩니다.
우리는 날마다 자신을 깨우는 것을 훈련해야 합니다.
한 걸음씩 한 걸음씩 나아가야 합니다.
잠자고 있는 삶, 무지에 묶여서 습관적이고 무의식적으로 살고 있는 삶을 하루하루 노력하면서 바꾸어나가야 합니다.

날마다 그렇게 서서히 나아갈 때 우리는 점점 더 분명하고 자유로운 의식의 깨어남을 경험할 수 있을 것입니다.
깨어남에는 원리가 있습니다.
분위기가 있습니다.
우리는 그것을 발견해가야 합니다.

 2. 잠자고 있었음을 인식하기

우리는 깨어나야 합니다. 본능적이고 습관적이고 무의식적인 행동 양식에서 벗어나야 합니다.
이를 위해서 첫 번째로 중요한 것은 자신이 그러한 어둠 속에서 살아왔었다는 사실을 인식하는 것입니다. 그러한 인식이 깨어남의 시작입니다.
자신이 지금까지 잠을 자고 있었다는 사실을 인식하는 데에서부터 깨어남은 시작되는 것입니다.

어떤 이들은 자신이 잠을 자고 있지 않다고 생각할 지도 모릅니다. 자신이 꿈을 꾸는 것이 아니고 지금 깨어있다고 생각할 지도 모릅니다. 하지만 지금 당신이 꿈을 꾸는 것이 아니라고 어떻게 입증할 수 있습니까? 잠을 자거나 꿈을 꿀 때는 그것을 인식할 수 없습니다. 깨어난 후에야 자신이 자고 있었다는 것과 꿈을 꾸고 있었다는 것을 알게 됩니다.

지금 단순히 육체적인 잠을 자고 있는 것이 아니라 의식적인 잠을 자고 있다는 것을 이러한 간단한 질문으로 확인할 수 있을 것입니다.
지금 당신은 자신을 마음대로 컨트롤할 수 있습니까?

그렇게 할 수 있다면 당신은 깨어있는 것입니다.
흔히 사람들은 아주 좋은 일이 있을 때 '이게 정말 꿈이 아니고 사실일까? 한번 꼬집어봐야지.' 하고 뺨을 꼬집습니다. 그래서 아프면 '아, 다행이다. 꿈이 아니구나.' 하고 말합니다. 꿈속에서는 감각이 없다고 생각하기 때문입니다.

하지만 꿈속에서 우리의 감각이 완전히 사라진다는 것은 분명한 사실이라고 할 수 없습니다. 꿈속에서도 우리는 어느 정도는 감각을 느낍니다.
그것보다 꿈속에서는 의지적인 컨트롤이 잘 안 되는 것이 보통입니다. 지금 당신의 팔을 들어보십시오. 들 수 있습니까? 한번 한 바퀴 돌려보십시오. 돌릴 수 있습니까? 그렇다면 당신의 몸은 지금 깨어있는 것입니다.

그렇다면 마음은 지금 움직일 수 있습니까? 화가 나 있을 때 그것을 멈출 수 있습니까? 두려움이 올 때 그것을 바꿀 수 있습니까? 외로움이 올 때 그것을 멈출 수 있습니까?
당신이 그것을 자유롭게 할 수 있다면 당신의 감정은 지금 깨어있는 것입니다. 그러나 그것이 자유롭지 않다면 당신의 감정은 지금 꿈속에 잠겨있는 것입니다. 지금 잠을 자고 있는 것입니다.

사람들이 무엇인가에 사로잡히고 거기에서 벗어나지 못하고 있는 것은 잠을 자고 있기 때문입니다. 당신은 지금 자신을 객관적으로 볼 수 있습니까? 자신의 영적인 수준, 상태, 정서적인 상태, 몸의 상태, 그런 것을 객관적으로 인식할 수 있습니까?
그것이 가능하다면 당신은 깨어있는 것입니다. 아니 이러한 관찰을 통해서 당신이 점점 더 깨어날수록 당신은 선명하게 많은 것들을 보고 느끼게 됩니다.

모든 사람들은 정도의 차이는 있지만 잠을 자고 있습니다.
부분적으로 깨어있고 부분적으로 잠들어 있습니다.
부분적으로 빛 가운데 있고 부분적으로 어둠 가운데 있습니다.
부분적으로 진리 가운데 있고 부분적으로 비진리 가운데 있습니다.

만일 당신이 자신의 잠자고 있는 상태에 대해서 통렬하게 느낀다면 당신은 좀 더 잘 깨어날 수 있을 것입니다. 그러나 아직 잘 그것을 느낄 수 없다면 당신은 그다지 많은 깨어남을 경험할 수 없을 것입니다.
부디 기억하십시오.
이제 깨어나야 합니다.
다만 그 깨어남의 정도는 자신의 잠자고 있음을 얼마나 선명하게 인식하느냐에 달려있다는 것을 이해하셔야만 합니다.

# 3. 깨어남의 조건

잠을 잘 때는 그 사실을 알지 못합니다. 그것은 무기력한 상태입니다. 그러므로 사람은 깨어날 때 행복해 집니다. 그리고 자유롭게 되기 시작합니다.
하지만 모든 사람들이 그러한 깨어남을 원하고 있을까요? 그러한 무기력함과 무지의 어둠에서 벗어나기를 원하고 있을까요?
대부분 그렇지 않은 것 같습니다. 오히려 사람들은 그러한 상태 속에 머물러 있기를 원합니다.

사람들은 취해 있습니다. 그리고 그 취한 상태에서 벗어나기를 원하지 않습니다. 그 혼미한 상태에서 나오려고 하지 않고 있는 것입니다. 그 이유는 무엇일까요?
깨어나기 위해서 사람은 먼저 자신이 잠 속에 있으며 꿈속에, 무지의 어둠 속에 잠겨있다는 사실을 인식해야 합니다. 그것이 깨어남을 위한 첫 번째 단계입니다.
그러한 인식에 도달했다면 그 다음에 필요한 것은 그러한 깨어남을 사모하는 것입니다. 간절하게 추구하는 것입니다.
그러나 많은 이들이 자신이 자고 있다는 것을 알지 못할 뿐 아니라 알고 나서도 깨어나기를 원하지 않습니다. 그 이유는 무엇일까요?

그것은 선지자 요나의 경우를 들어서 설명할 수 있을 것입니다.
요나는 하나님의 말씀을 거절했습니다.
하나님께서 그에게 사명을 맡기셨지만 그는 그 명령을 듣지 않았습니다. 그리고 하나님께서 가라고 하시는 반대의 방향으로 가는 배를 탔습니다.
그가 배를 탄 후에 한 행동이 무엇이었을까요?
그것은 바로 잠을 자는 것이었습니다.

그는 배에 타자마자 깊은 잠 속에 빠지고 말았습니다.
그가 얼마나 깊이 잠들었던지 큰 풍랑과 파도가 와서 배가 거의 깨어지게 되어도 그는 깰 줄을 몰랐습니다.
배에 탄 사람들이 그를 흔들어 깨우자 그는 간신히 잠에서 깨게 되었습니다. 그를 깨운 사람들은 상황이 얼마나 심각한데 잠을 자고 있느냐고, 당신이 믿는 신에게 기도를 드리라고 강권했습니다. 그는 아마 그 말에 정신이 번쩍 들었을 것입니다.

그가 배에 타자마자 깊은 잠에 빠진 이유는 무엇이었을까요?
아마 도피심리였을 것입니다.
하나님의 말씀을 정면으로 거역하는 자신의 행동에 대해서 죄책감이 들었을지도 모릅니다. 또한 두려운 생각이 들었을지도 모릅니다. 하지만 그래도 그는 순종하고 싶지 않았습니다. 이런 저런 생각에 피곤해지자 그는 모든 것을 깨끗이 잊고 더 이상 생각하고 싶지 않아서 깊은 잠에 빠지기를 원했을 것입니다.

하지만 그가 빠져든 잠은 안전한 피난처가 아니었습니다.
그가 잠을 자고 있는 동안 그를 둘러싼 환경은 망가지고 있었던 것입니다. 그가 깨어났을 때 문제는 하나도 해결이 되지 않았고 오히려 더 심각해진 상황에 있었습니다. 그가 깨닫고 회개했을 때만 문제는 근본적으로 해결되었던 것입니다.

잠에 빠지는 심리란 바로 이런 것입니다. 골치 아픈 문제를 일시적으로 잊고 도피하려는 것입니다. 중독도 이와 비슷한 것입니다. 그것도 일종의 도피하고 잊기 위한 일시적인 안식처인 것입니다.
그러나 중요한 것은 언젠가 잠에서 깰 때, 그 때는 더 비참한 상황이 기다리고 있다는 것입니다. 그러므로 잠자는 것, 잊어버리는 것은 결코 안전한 상태가 아닙니다.

사람들이 깨어나기를 원하지 않는 심리도 이와 비슷할 것입니다. 사람들은 자기의 상태를 보기를 원하지 않으며 알기를 원하지 않습니다. 그래서 계속 꿈속에, 잠 속에 있고 싶어합니다.
그러나 우리는 깨어나야 합니다. 아직 이 땅에서 살아가고 있을 때 깨어나야 합니다. 나중에 사후에 주님 앞에서 깨어나게 된다면 그것은 이미 늦습니다.

깨어남을 위한 중요한 조건은 바로 이것입니다.
우리는 도피를 거절하고 진정한 깨어남을 사모해야 한다는 것입니다.
우리는 자신이 무지와 어둠 속에 있다는 것에 대해서 인식해야 합니다. 그리고 그 꿈에서 벗어날 수 있기를 사모해야 합니다.

바르게 인식하고 간절하게 사모하는 것 - 그것이 깨어남의 조건입니다. 그러한 사모함을 가지고 있을 때 모든 사람은 새롭게 깨어날 수 있게 될 것입니다.

# 4. 자신을 인식함

대부분의 시간을 우리는 의식을 잃은 채로 움직입니다.
특히 바쁜 일이나 해야 할 일이 있을 때 우리는 그 일에 빠져버립니다. 그 일이 끝나기 전까지 우리는 정신을 차리지 못합니다.
간신히 급한 일을 마치고 나면 우리는 정신을 차립니다. 하지만 그렇다고 해서 의식을 회복하는 것은 아닙니다. 우리는 긴장된 일에서 벗어나게 되면 조금 여유가 있고 즐거워할 수 있는 일을 하려고 합니다. 하지만 그것도 정신을 차리는 것은 아닙니다. 긴장된 일에 빠지든 재미있는 일에 빠지든 그것은 어차피 의식을 잃고 살아가고 있다는 점에서 똑 같습니다.

어떻게 하면 우리는 의식을 회복할 수 있을까요?
그것은 일에 있어서 자신을 의식하는 것입니다.
일을 하면서 그 일에 빠지지 말고 자신을 의식하는 것입니다.
'나는 지금 이 일을 하고 있다. 지금 이것을 하고 있는 주체는 바로 나 자신이다.' 이것을 인식하는 것입니다.
어떤 일을 즐기고 있을 때 거기에 빠지지 말고 '나는 지금 이 일을 즐기고 있다. 이것은 나 자신이다' 하고 인식을 하는 것입니다.

이것은 아주 간단한 일입니까? 사실 그렇습니다. 하지만 이 간단한 일을 통해서 우리의 인식은 깨어나기 시작합니다. 자신을 찾기 시작하는 것입니다.

많은 이들이 어떤 일을 하면서 거기에 빠져 있습니다. 자신을 잃어버립니다. 수다를 떨면서 자신을 잃어버리고 책을 읽거나 일을 하면서 자신을 잊어버립니다. 자신이 무엇을 하고 있는지, 누가 이야기를 하고 있는지도 잊어버립니다. 그래서 나중에 '아, 벌써 시간이 이렇게 되었군.' 하고 말합니다. 이것은 그동안 정신을 잃어버리고 있었다는 것을 보여주는 것입니다.

'나는 지금 이것을 하고 있다' 는 인식, 일을 하거나 무엇을 하면서 거기에 빠지지 않고 자신을 인식하는 것은 간단하지만 놀라운 일입니다. 왜냐하면 대부분의 사람들은 자신이 하고 있는 것에 빠져 자기가 무엇을 하고 있는지도 모르고 있기 때문입니다.

우리는 수시로 '나는 지금 무엇을 하고 있는가?' 하고 질문을 던져야 합니다. 그것은 나를 찾게 합니다. 그 질문은 내가 어디 있는지, 무엇을 하고 있는지를 발견하게 합니다.

술래잡기를 할 때 도저히 상대를 찾을 수 없을 때 우리는 '어디 있니?' 하고 묻습니다. 그것은 상대방을 찾는 가장 쉬운 방법입니다.

마찬가지로 우리는 '나는 지금 어디서 무엇을 하고 있는가?' 를 질문함으로서 자신의 위치와 하고 있는 것을 발견할 수 있습니다. 이런 간단한 방법으로 우리는 자신의 자아를 깨우고 인식력을 일으켜갈 수 있는 것입니다.

5. 관찰하기

자신의 존재를 인식하는 것뿐만 아니라 자신의 모습을 관찰하는 것도 인식을 깨우는 중요한 방법입니다.
이것은 자신이 무엇을 행하고 있는지를 주의 깊게 바라보는 것입니다. 그리고 자신이 하는 행동을 보면서 그 동기와 의미를 살펴보는 것입니다.

앞의 글에서 어떤 사람이 아내와 말다툼을 벌이다가 아내의 뺨을 때린 후 놀라서 '내가 지금 무슨 짓을 했지?' 하고 정신이 돌아왔었다는 이야기를 했있습니다. 그와 같이 사람들은 의식이 없이 충동적으로 행동하는 경우가 많이 있습니다.
그러므로 자신이 지금 무엇을 하고 있는지, 객관적으로 관찰하는 것입니다.
의식이 없이 충동적으로 움직이지 않기 위해서는 조용히 움직여야 합니다. 내적인 인식의 맑음 속에서 편안하게 움직여야 합니다. 급한 마음은 의식을 잃어버리게 하기 때문입니다.

어떤 일을 하든지 동기의 의미를 생각하고 관찰하는 것은 의미 있는 일입니다.

나는 청소를 할 때, 그것을 마지못해 귀찮아하면서 짜증을 내면서 하는 이들을 많이 보았습니다.
그는 왜 마음의 평화를 잃어버리면서 청소를 해야 하는 것일까요?
청소는 좋은 일입니다. 청결하게 하는 것은 좋은 일입니다.
그러나 마음의 평화를 잃어버리고 짜증을 내면서까지 의무적으로 할 필요는 없습니다. 깨끗한 환경도 중요하지만 마음의 평화를 잃어버리면 마음이 더러워지기 때문에 일시적인 청결함 때문에 영원한 청결을 잃어버리게 되기 때문입니다.
청소를 하면서 짜증이 날 때 우리는 자신을 찾아야 합니다. 그리고 관찰과 질문을 던져야 합니다.

나는 지금 무엇을 하고 있는가?
청소를 하고 있다.
나의 기분은 어떠한가?
짜증이 나고 있다.
그 이유는 무엇인가?
몸이 피곤한데 청소를 해야 하기 때문이다.
그렇다면 나는 환경의 청결과 마음의 평화 중에서 무엇을 선택해야 하는가?
그 대답은 자명할 것입니다.
관찰과 질문은 자신에게로 돌아오게 해줍니다. 그리하여 다시 평화로운 마음을 가지게 해줍니다.
바쁘고 쫓기는 마음과 짜증이 나는 마음은 의식을 잃어버린 상태입니다. 자신의 의식을 잃어버릴 때 동물의 기운이 우리의 몸과 마음을 통치하게 되므로, 공연히 쫓기고 짜증을 내며 혼란스러운 삶을 살게 되는 것입니다.

관찰은 우리의 의식을 조금씩 깨우게 됩니다. 그리하여 자신을 객관적으로 볼 수 있도록 도와줍니다. 이것은 아주 단순한 시작 같지만 이러한 것들을 반복하여 하게 될 때 우리는 점차로 새로운 인식을 느낄 수 있게 될 것입니다.

 6. 고요한 의식의 훈련

자신의 의식을 되찾고 자신을 찾기 위한 질문을 던지며 자신을 관찰하기 위해서 필요한 삶의 자세는 고요함입니다.
우리에게는 고요함이 필요합니다. 고요함의 훈련이 필요합니다.
아침에 일찍 일어나거나 밤에 늦게 자는 것은 이 고요함을 맛볼 수 있다는 것 한 가지만 하더라도 의미가 있는 일입니다.
사방이 고요하고 많은 이들이 잠을 자고 있을 때 혼자 깨어서 그 고요함을 경험한다는 것, 그것은 아주 행복한 일입니다.
환경의 고요함, 소음이 없는 고요함보다 더 의미 있는 것은 마음의 고요함입니다. 즉 의식이 고요하게 있는 것입니다.
아무런 생각도 하지 않고 그저 단순히 가만히 깨어있는 것입니다.

이 가만히 있음은 축복의 열쇠라고 할 수 있을 정도로 놀라운 은총으로 들어가는 비밀의 문이기도 합니다. 하지만 이것에 대해서 이해하고 경험하는 이들은 그리 많지 않습니다.
사람들의 머리는 항상 잠시도 쉬지 않고 움직입니다. 항상 머리는 무엇인가를 생각하고 있으며 심지어 잠을 자고 있을 때에도 미세한 생각, 일상의 사소한 생각들이 멈추지 않고 움직입니다.
이렇게 쉬지 않는 머리, 쉬지 않는 생각은 우리의 의식을 표면적이고 피상적인 수준에 머물러 있게 합니다. 즉 일상의 잡다하고 사소한 일의 수준에 머물러 있어서 저 깊은 은혜의 바다 속으로 잠기지 못하게 하는 것입니다.

어떤 생각도 없이 그저 깨어있는 상태로 마음을 고요하게 유지하십시오. 그것을 명상이라고 생각해도 좋습니다.
이른 새벽에 베란다에 나가서 조용히 의자에 앉아있습니다.
마음을 고요히 할 수 있는 곳이라면 베란다든, 마당이든 잠자리이든 상관이 없습니다.
가능하면 신문이나 잡지나 다른 방해거리에 눈을 돌리지 않는 것이 좋습니다.
다만 그저 조용히 깨어있기만 하면 됩니다.
구태여 무엇을 생각하려고 하지 마십시오.
아주 약간의 의식, 내가 지금 깨어있다는 의식 정도만 남겨놓고 그저 묵묵히 앉아 계십시오.
아주 약간의 의식,
마음속으로 그저 '오, 주님' 또는 '주님을 찬양합니다' 이런 정도의 단순한 의식을 가지고 있는 것으로 충분합니다.

주님 앞에서 조용히 있으면서 아무 것도 하지 않고 아무 생각도 하지 않고 그저 묵묵히 있다는 것, 그것은 아주 놀라운 일이지만 이것을 경험하는 이들은 그리 많지 않습니다.
어떤 이들은 이러한 고요한 시간을 반드시 성경을 앞에 놓고 해야 한다고 생각합니다.

사람에 따라 차이가 있겠지만 성경을 읽기 전에 하는 것이 더 나을 것입니다. 왜냐하면 깊은 영의 깨어남을 경험하기 전에 머리와 생각이 움직이게 되면 그것은 긴장을 일으키며 말씀의 깊은 곳으로 가는 데에 오히려 방해가 되기 때문입니다.

그러므로 이러한 고요한 있음, 깨어있음이 우리의 의식 상태를 좀더 깊고 심원한 곳으로 인도한다는 사실을 인식해야 합니다.

그러한 맑음을 충분히 경험하고 나서 말씀을 대하게 되면 더 많은 것을 느끼고 깨닫고 누릴 수 있게 될 것입니다.

의식을 내려놓고 비운 채 조용히 계십시오.

날마다 이것을 15분 정도만 할 수 있다면 당신의 의식은 아주 달라지게 될 것입니다. 위장을 비우는 금식이 위장을 좋게 하듯이 머리를 잠시 비우는 이 깨어있음은 머리, 의식의 기능을 완전히 다르게 만들 수 있습니다.

처음에는 이것이 기도인지, 묵상인지 헷갈릴 것입니다.

그러나 조금 지나면 이것은 자연히 일종의 기도와 같이 됩니다. 당신이 주를 사랑하며 추구하는 사람이라면 말입니다.

점차 당신은 의식의 맑음과 깨어남을 경험하게 됩니다.

이 훈련이 지속되면 당신은 아마 놀라운 환희가 임하는 것을 맛볼 수도 있을 것입니다.

내 경우도 이러한 단순한 깨어있음을 통해서 말로 표현하기 어려운 환희와 자유함을 경험하게 되었었으니까요. 그래서 한 동안은 오직 이 훈련에만 몰두하려고 했을 정도였습니다.
그 경험의 유익은 단순한 황홀경에 있는 것이 아닙니다. 좀 더 자신을 보게 되고 알게 되고 깨어난 의식을 가지게 되며 인생과 삶의 가치관에 있어서 많은 변화를 가져다주는 것이니까요.

이러한 고요함을 훈련하시기를 바랍니다.
무엇보다 중요한 고요함은 환경의 고요함이 아니라 당신 마음의 고요함인 것을 기억하십시오.
그러므로 그 마음의 고요함을 얻기 위해 단순히 깨어있음을 훈련하십시오.
자신의 마음을 컨트롤할 수 있으며 자신의 마음을 원할 때마다 채우고 비우고를 자유롭게 할 수 있는 이들은 삶에 있어서 많은 자유함을 누리고 경험할 수 있게 될 것입니다.
그것은 진정 여태껏 알지 못했던 새로운 세계가 될 것입니다.

# 7. 생각 비우기

마음을 쉬게 하는 것, 생각을 조용히 비우는 것에 대해서 조금 더 이야기하겠습니다.

어떤 이들은 생각을 비우고 마음을 비우는 것에 대해서 불안감을 가지고 있는 이들도 있습니다. 마음을 비우고 있으면 귀신들이 마음을 점령해버리지 않을까 두려워하는 이들도 있는 것 같습니다.

그것은 어처구니없는 생각입니다. 사람은 긴장이 풀리게 되면 생각이 사라집니다. 예를 들어서 화장실에서 일을 볼 때나 따뜻한 목욕탕에서 목욕을 하고 있을 때는 일시적이기는 하지만 머리에 의식이 줄어듭니다. 아무 생각이 없는 멍한 상태가 되는 것이지요.

그러나 그렇게 머리가 비워졌다고 해서 악한 영들이 그들에게 들어가지는 않습니다. 목욕하다가 머리가 비워지는 바람에 귀신들리게 되었다고 하는 이야기는 들어본 적이 없을 것입니다.

오히려 산 기도를 하다가 악한 영들에게 잡혀서 고생한 경우는 더러 본 적이 있습니다. 생각과 마음이 흥분 상태에 있고 긴장이 되어 있을 때에 악한 영들이 역사할 수 있는 것이지 차분하고 안정된 마음의 상태에서는 악한 영이 역사하는 것이 아니라 휴식이 이루어지는 것입니다.

마음이 비워지고 생각이 멈추는 것은 아주 일시적인 상태라고 하더라도 우리에게 깊은 휴식을 줍니다. 그것은 우리 마음 안에서 새로운 창조가 일어나는 것과 같습니다.
모든 피곤과 고통과 질병과 상처는 이 생각을 통해서 옵니다. 그러므로 생각이 쉬고 있다면 이는 충분한 휴식과 치유의 역사가 일어나는 통로가 되는 것입니다.

사람들은 밤에 잠을 자는 것을 통해서 휴식을 얻습니다. 잠을 잘 때 휴식이 되는 것은 생각이 쉬기 때문입니다.
물론 몸은 쉬면서도 생각은 쉬지 못하는 사람들도 있습니다.
그러한 이들은 생각에 긴장이 많이 있는 것입니다. 머리가 긴장하고 있는 것입니다. 이러한 이들은 잠을 오래 자더라도 깊은 숙면을 취할 수 없으며 깨고 나서도 여전히 몸과 마음이 피곤합니다. 그러므로 이들은 특히 더 마음을 비우고 생각을 쉬게 하는 훈련이 필요합니다.
생각은 우리가 그것을 다스릴 수 있다면 놀라운 창조의 도구가 되지만 우리가 그것을 다스릴 수 없다면 우리의 가장 큰 고통의 근원이 될 수 있습니다. 그것은 쉬지 않고 우리 자신을 고문하며 괴롭히게 될 것입니다.

어떠한 이들은 습관적으로 공상에 잠기기도 합니다. 그러한 이들은 행동력이 부족하고 용기가 부족하여 주로 공상을 통해서 자기만족을 얻는 경향이 있습니다. 이들에게는 공상이 하나의 도피처입니다. 하지만 처음에는 즐거움을 얻기 위해 시작한 공상이 나중에는 탐닉이 되고 중독이 되기도 합니다. 공상 속에서 죄를 짓기도 합니다.
그것은 즐거운 것 같지만 일종의 노예상태에 불과하며, 악한 영들이 역사할 수 있는 하나의 통로가 되어 의식의 기능을 떨어뜨리고 혼미하게 만듭니다. 생각을 맑게 씻기 원하는 이들은 이 공상의 습관으로부터도 벗어나야 합니다. 그리스도인들은 결코 생각과 공상이 제멋대로 돌아다니도록 내버려 두어서는 안 됩니다.
생각을 고요하게 비우는 기쁨에 대해서 발견하고 경험하게 되면 공상이나 쓸데없는 생각으로 머리를 채우는 것에서 벗어날 수 있게 될 것입니다.

생각이 일시적으로 쉬고 있는 상태는 참으로 달콤한 상태입니다. 이른바 '아무 생각이 없다'는 표현은 아주 즐겁고 좋은 상태를 말해주는 것입니다.
오래 전에 더운 여름날에 아내와 같이 산에 올라가서 쉬고 있다가 발 아래에서 열심히 움직이고 있는 개미를 발견했습니다.
그 때 몹시 피곤한 상태였기 때문에 아내에게 '개미도 피곤할까?' 하고 이야기를 건넸습니다.
그러다가 문득 이런 생각이 들었습니다. '개미는 피곤하지 않다. 그들은 생각이 없기 때문이다.'
개미뿐만 아니라 모든 동물들은 생각이 없습니다. 그러므로 지치고 피곤하며 고통스러운 상태에 있지 않습니다. 생각이 모든 고통의 근원이기 때문입니다.
사람의 피로, 절망, 분노, 미움, 질병 등 모든 재앙들은 다 생각으로 인하여 오는 것입니다.
그러므로 이 생각을 제어할 수 있고 그 움직임을 늦출 수 있다면 인간은 대부분의 재앙으로부터 벗어나 자유롭게 살수가 있는 것입니다.

머리가 좋고 생각이 많은 사람은 불행합니다. 그들은 항상 고뇌 속에 잠겨 있습니다.
반면에 단순하고 생각이 많지 않은 이들은 행복하고 편안하게 삽니다. 정신노동을 하는 이들은 항상 스트레스와 질병과 우울증과 어두움 속에 사는 경향이 있지만 단순한 육체노동에 종사하면서 사는 이들은 밝고 즐겁게 삽니다.
지적 능력이 뛰어난 이들은 단순한 이들을 무시하는 경향이 있지만 그러나 그들 가운데는 별로 행복하지 않다고 느끼는 사람들이 많습니다. 의식이 항상 움직이고 쉬지 못하는 것은 사람의 영혼을 아주 약하게 하기 때문입니다.

그러므로 날마다, 조금씩 시간이 있을 때마다 10분이나 15분 정도를 생각을 비우는 훈련을 하는 것이 좋을 것입니다.
우리는 모든 순간에 깨어있을 수 있다면 좋을 것입니다. 그러나 항상 그렇게 할 수는 없을 지라도 이렇게 잠시 잠깐씩만 마음을 쉬게 하는 훈련을 하게 된다면 그것도 깨어남에 있어서 많은 도움을 줄 수 있을 것입니다.

그저 단순하게 깨어있기만 하면 됩니다.

그저 멍한 상태에서 조용히 있기만 하면 됩니다.
생각이 끝없이 움직이던 사람들은 이것이 쉽지 않을 것입니다.
생각은 버릇없는 아이와 같아서 천방지축으로 움직이며 시끄럽고 요란합니다. 그리고 말을 잘 듣지 않습니다. 그래서 한 동안은 그들을 다루는 것이 쉽지는 않을 것입니다.

그러나 그들과 굳이 싸우려고 할 필요는 없습니다.
억지로 생각을 내쫓으려고 애를 쓸 필요도 없습니다.
그저 조용히 그들을 단순히 바라보고 있기만 하면 됩니다. 일어나는 생각들을 그저 가만히 관찰하고 있는 것입니다. 그다지 흥미를 보이지 않고 그저 멍하게 주시하고 있습니다. 그렇게 되면 이 어린아이들은 흥미를 잃어버리고 점차로 조용해지게 됩니다.

하지만 역시 생각의 멈춤이 쉽지는 않을 것입니다.
그것은 당신이 지금까지 살아온 인생이기 때문입니다. 갑자기 자기 인생과 생명을 송두리째 바꿀 수 있는 사람은 드뭅니다. 생각을 멈출 수 있다면 완전히 다른 사람이 되는데 그것이 순식간에 되지는 않을 것입니다.
다만 꾸준히 한 걸음씩 가는 것이 중요합니다. 날마다 한 걸음씩, 그렇게 꾸준히 간다면 당신은 자유와 변화를 경험하게 될 것입니다.

어렵게 생각하지 마십시오.
그저 편안하십시오.

조용히 의식을 깨운 상태에서 생각을 멈추게 하십시오.
그저 멍한 상태를 잠시만 유지하고 있다고 생각하면 됩니다.
5분, 10분, 15분……, 그 정도를 그 상태로 유지하십시오.
너무 오래 이 상태에 있는 것은 별로 바람직하지 않습니다. 그 정도로도 충분합니다.
자, 이제 시도해보십시오.
즐거운 휴식과 변화를 느낄 수 있게 될 것입니다.

8. 제3 의식의 상태

사람은 누구나 인생의 3분의 1을 잠으로 보냅니다. 75세 정도가 평균 수명이라면 무려 25년을 잠으로 보내는 것이지요.
하지만 이렇게 많은 시간을 잠으로 보내면서도 잠에 대한 것은 여전히 신비로 남아있습니다. 도대체 왜 잠이 필요한 것인지, 잠을 자는 동안 사람에게는 어떠한 일이 일어나는 것인지, 그러한 많은 것들이 여전히 수수께끼로 남겨져 있는 것이지요.

잠을 제대로 자지 못했던 경험이 있는 사람이라면 그것이 얼마나 고통스러운 것인지 느꼈을 것입니다. 온 몸은 무겁고 정신은 피곤하며 일에도 그 무엇에도 정신을 집중할 수가 없습니다. 그러니 식사를 거르는 것보다 잠을 못 자는 것이 훨씬 더 힘들고 어려운 것입니다.
잠의 의미는 무엇일까요?
분명한 것은 잠이 치유의 효과를 가지고 있다는 것입니다. 피곤하고 지친 사람이라도 충분히 수면을 취하고 나면 아침에는 맑고 개운한 상태로 일어날 수 있게 됩니다.

잠을 자는 동안 우리의 의식은 사라집니다. 우리가 잠에 대해서 알지 못하는 것은 잠을 자는 동안 우리의 의식이 망각의 상태로 들어가기 때문입니다. 그 의식은 어디로 가는 것일까요?
어떤 이들은 잠을 '죽음의 연습'이라고 표현합니다. 즉 작은 죽음의 상태와 같다는 것이지요.
잠을 자는 동안 우리의 의식은 망각의 상태에 있으면서 영계로부터 영적 에너지를 취하게 됩니다. 그 영계의 빛과 에너지로 인하여 우리는 휴식과 회복을 얻게 되는 것입니다.

우리의 의식이 활동하고 있을 때 우리는 피곤하고 에너지를 상실하게 됩니다. 이것은 각성상태입니다.
그래서 우리는 잠을 통해서 의식을 잠재우고 에너지를 얻습니다. 이것은 수면상태입니다.
그런데 이 두 가지 상태의 중간 상태가 있습니다. 그것이 조용히 깨어있는 상태입니다.
즉 깨어있기는 하지만 평소처럼 의식이 많이 활동하는 것이 아니고 또 잠을 자고 있는 것처럼 의식이 아주 사라진 상태도 아닙니다. 의식이 아주 조금만 있는 상태인 것입니다.
깨어서 활동하는 상태가 제1의 의식이며 잠을 자는 것이 제2의 의식이라면 이와 같은 상태는 제3의 의식상태라고 할 수 있습니다.
이 제3의 의식상태는 우리의 영성에 아주 도움이 되는 상태입니다. 이 반쯤 깨어있는 상태, 비몽사몽의 상태라고도 할 수 있는 상태는 깊은 기도와 묵상을 통해서 비로소 경험할 수 있는 영적 상태라고 할 수 있는 것입니다.

깨서 활동하고 있는 의식 상태는 너무 긴장이 되어있기 때문에 육신적인 상태라고 할 수 있습니다. 이 상태에서는 영적 세계와 접촉하는 것이 어렵습니다. 기도를 하고 말씀을 읽어도 영적 세계, 천국으로부터 깊은 메시지와 생명의 충만함을 얻기가 어렵습니다.

잠을 자는 상태도 마찬가지입니다. 잠을 잘 때는 우리의 의식이 쉬면서 영이 영계로부터 치유와 회복의 에너지를 얻기는 하지만, 의식이 아주 잠들어 있는 상태이기 때문에 그 영계의 빛과 은총을 이 현실의 세계 속에 가지고 오기가 어려운 것입니다. 꿈을 통해서 아주 조금 영계의 에너지를 가져오기는 하지만 그것은 아주 미약한 것입니다.

그러나 이 세 번째 의식의 상태는 영계로부터 빛과 에너지와 은총을 경험하면서도 의식을 완전히 잃어버리지 않은 상태가 되기 때문에 천국의 빛과 생명을 얻을 수 있는 좋은 통로이자 상태가 되는 것입니다. 이러한 세 번째 의식의 상태는 누구나 쉽게 도달할 수 있는 것은 아닙니다. 이것은 기도와 묵상의 훈련을 통해서 조금씩 발전해 가는 것입니다.

분명하게 인식해야 할 것은 이러한 세 번째의 상태에 얼마나 쉽게 도달할 수 있는가 하는 것이 얼마나 기도의 응답을 받고 주님을 경험하는데 있어서 주요한 관건이 된다는 것입니다.

성령님이 임하실 때 꿈과 환상을 통해서 말씀하시는 것은 흔한 예입니다. 하나님께서 그의 선지자를 세우실 때 꿈이나 환상을 통해서 그에게 자신을 나타내시는데 그것은 사람이 평소의 각성 상태에서는 영계가 닫혀있기 때문에 하나님이 가까이 계셔도 그것을 인식할 수 없기 때문입니다. 그렇기 때문에 주님께서는 사람의 의식에 잠시 변화를 주어서 영계를 여시고 계시와 인도하심을 허락하시는 것입니다.

수많은 사례들이 있지만 한 가지만 소개하기로 하겠습니다.
이것은 초대교회 때에 베드로가 기도를 하는 중에 경험한 사례입니다.
"그때에 베드로가 기도하려고 지붕에 올라가니 시간은 제 육시더라 시장하여 먹고자 하매 사람이 준비할 때에 비몽사몽간에 하늘이 열리며 한 그릇이 내려오는 것을 보니" (행10:8-11)
이것은 유명한 환상입니다. 베드로가 이 환상을 보고 난 후에 하나님의 뜻을 깨닫고 처음으로 이방인들에게도 복음을 전하게 되는 장면이지요.
여기서 베드로가 환상을 본 시점과 상태는 어떤 것이었을까요?
그것은 '비몽사몽간에' 였습니다. 즉 자고 있는 것도 아니고 깨어있는 상태도 아닌 중간 상태, 제 3의식의 상태에서 그러한 영계의 열림이 임했던 것입니다.
이 내적 상태는 기도와 묵상과 훈련을 통하여 얻어질 수 있습니다. 잠자는 것도 아니고 깨어있는 것도 아닌 이 내면적인 영감의 상태, 이것은 깊은 기도를 경험한 영성인들의 한 특성이라고 할 수 있습니다.

오늘날 계시나 환상을 경험하고 내적인 깊은 감동을 받는 이들은 그리 많지 않은데 그것은 머리가 너무나 긴장이 되어있기 때문입니다. 하나님의 세계, 영의 세계를 단순히 논리와 개념으로 이해하고 이성만을 훈련시키고 있는데, 그러한 이해와 기억의 훈련만으로는 내적 세계가 열릴 수 없는 것입니다. 이것이 대부분의 지적인 사람들이 영계에 대해서 무지한 이유입니다. 말씀도 그 영을 경험하려고 하지 않고 단순히 분석하고 이해하고 암기하고…… 이런 식으로만 읽습니다. 그래서는 내적 세계, 영의 실상을 경험하기가 어려운 것입니다.

이 세 번째의 의식상태를 경험하고 훈련하는 것이 복스러운 것임을 기억하시기를 바랍니다. 그렇기 때문에 잠들기 직전의 상태와 잠이 깬 직후의 상태는 영성훈련과 기도에 아주 좋은 상태가 됩니다. 왜냐하면 바로 이 때가 비몽사몽의 상태이며 부분적으로 영계가 열려있는 상태이기 때문입니다.

그러므로 잠이 들기 전에 악한 영화를 보다가 잠이 드는 것과 같은 행위는 영적인 자살과 같은 것입니다.
잠을 자는 것은 사람의 영이 영계에 들어가는 것인데 잠을 자는 동안 경험하는 영계는 잠자기 직전의 상태와 밀접한 관련이 있기 때문입니다. 그러므로 그런 상태에서 잠을 자면 밤새도록 당신의 영은 어두운 영계에서 고통을 겪게 됩니다. 그것은 아주 나쁜 것입니다.
그러므로 성경에서는 분을 내더라도 해가 지도록 분을 품지 말라고 하는 것입니다.
"분을 내어도 죄를 짓지 말며 해가 지도록 분을 품지 말고 마귀로 틈을 타지 못하게 하라" (엡4:26,27)
아무리 화가 나더라도 잠을 자기 전에는 다 풀고 용서하고 잠에 들어가야 합니다. 그렇지 않으면 마귀에게 공격의 기회를 주게 되는 것입니다. 대부분의 사람들은 이 제3의식의 상태에 들어가지 못합니다. 대부분 깨어있거나 아니면 잠이 들어버립니다. 잠시만 묵상을 하라고 시켜도 공상에 빠지든지 아니면 그대로 잠이 들어버립니다. 그래서 축복된 상태에 잘 들어가지 못합니다. 하늘의 풍성함, 영계의 풍성한 충만함을 잘 맛보고 경험하지 못합니다.

이 조용한 깨어있음을 훈련하시기를 바랍니다.
아무 생각도 하지 않고 그저 가만히 있는 멍한 상태, 조용히 주를 바라보며 미소 짓는 상태, 깊은 감사를 드리는 상태, 의식이 움직이지 않고 가만히 있는 상태, 이러한 상태를 훈련하십시오.
아침에 깨자마자 바쁘게 움직이지 마십시오.
급하게 신문부터 찾지 마십시오.
의식이 완전히 깨어나기 전에 지금의 그 상태가 축복된 상태이며 기도를 해도 곧 응답이 되고 하늘이 쉽게 열릴 수 있는 상태라는 것을 기억하시기를 바랍니다. 낮에는 몇 시간을 기도해야 겨우 얻을 수 있는 영적 상태를 그 때에는 조금만 기도하고 주를 바라보아도 곧 얻을 수 있음을 알아야 합니다.

이 고요하고 깊고 잔잔한 의식의 상태에 들어갈 수 있도록 훈련하십시오. 조금씩 이에 익숙해질 때 당신은 예전에 알지 못했던 영적 풍성함들을 점점 더 많이 누리고 맛볼 수 있게 될 것입니다. 당신은 새로운 깨달음, 깨어남을 경험할 수 있게 될 것입니다.

9.  습관적인 삶에서 벗어나기

사람들은 대부분 습관적인 행동을 하면서 살고 있습니다. 아무런 생각 없이 날마다 해왔던 일들을 하면서 삽니다.
생각 없이 밥을 먹고 생각 없이 텔레비전을 켜며 생각 없이 전화 수화기를 들고 생각 없이 그저 떠오르는 대로 이무 이야기나 하다가 시간이 지나면 끊습니다. 습관적으로 커피를 마시며 신문을 뒤적거립니다. 그리고 시간이 늦어지면 잠을 잡니다. 그리고 아침에 되면 습관적으로 일어나고 또 습관적인 삶을 시작합니다.
모든 습관을 다 없앨 수는 없습니다. 하지만 분명하게 이해해야 할 것은 모든 것을 습관적으로 행동하며 살게 되면 의식이 깨어나기가 상당히 힘들다는 것입니다.

습관적으로 행동하는 데는 아주 얕은 의식만이 필요합니다. 그러므로 습관적인 행동과 삶은 내적이고 깊은 의식이 발전하는 데는 거의 도움이 되지 않습니다. 그것은 동물과 같은 본능적인 삶에 불과한 것입니다. 그러므로 우리는 가능하면 가끔씩 의식을 가지고 자신이 하는 행동에 대해서 의문을 가지고 관찰해야 합니다. '나는 지금 무엇을 하고 있지?' '나는 왜 이 일을 하는 것일까?' 하고 질문을 던질 필요가 있습니다.

습관적으로 본능적으로 움직이지 말고 이처럼 내부에서 나오는 질문을 하게 되면 우리는 좀더 고등한 의식에 의해서 살아가게 됩니다.

우리들이 하는 대화를 생각해볼 필요가 있습니다.
어떤 이들은 어떤 주제가 나오기만 하면 항상 똑같은 이야기를 합니다. 몇 년의 시간이 지났어도 항상 같은 내용을 반복합니다.
남자들이 흔하게 하는 군대 이야기도 똑같은 내용을 이미 들었던 사람들에게 반복합니다. 어머니들이 자녀들에게 하는 잔소리도 이미 수없이 들었던 내용의 반복입니다.
그것은 그들이 깊은 의식을 따라 말하는 것이 아니고 단순한 충동을 따라 말을 하고 있음을 보여주는 것입니다. 물론 그러한 말들은 별로 영적 에너지를 담고 있지 못합니다. 따라서 다른 이들에게 매력과 영향력을 느끼게 하지 못합니다. 오히려 피곤함과 지겨움을 줄 수 있을 뿐입니다.

동일한 말이나 행동도 그가 어떠한 의식 수준에서, 어떠한 표현과 어떠한 영으로 하느냐에 따라서 완전히 다른 내용이 되는 것입니다.
그러므로 우리는 가능하면 습관적으로 말하지 말고 좀 더 내적인 데에 마음을 집중해서 말하고 행동해야 합니다. 항상 똑같은 말과 행동을 하는 사람들은 발전하기가 어렵습니다.

습관적인 말과 행동은 육체에서, 의식의 표면에서 나옵니다.
그것은 본능적이고 단순한 것입니다. 그것은 쉽지만, 우리의 깊은 의식을 발전시키게 하지 못합니다. 그러므로 우리는 할 수 있는 한 습관을 자제하고 좀 더 깊은 삶을 추구해야 합니다. 좀 더 깊은 곳에서 나오는 의식을 따라 행동해야 합니다.
의식이 깨어나지 않은 사람일수록 행동을 멈추지 않습니다.
그들은 브레이크가 없는 차와 같습니다. 그들은 끊임없이 움직이지 않으면 자신의 차가 망가지지 않았나 걱정하는 사람과 같습니다.

하지만 우리는 의식적으로 행동의 공백을 가질 필요가 있습니다. 행동을 멈추면 불안해하고, 또 다시 무엇인가를 해야만 하고……, 그러한 의식을 버려야 합니다.
원숭이들은 높은 나무 위에서 땅으로 내려오지 않고 이 나무에서 저 나무로 뛰어다닙니다. 그처럼 당신의 행동도 잠시도 멈추지 않고 이 행동에서 저 행동으로 쉬지 않고 움직여갈지도 모릅니다.
하지만 그것은 의식이 있는 자의 삶이 아닙니다. 삭개오가 나무에서 내려와 주님을 영접했듯이 당신도 잠시 행동을 멈추고 고요함 속으로 들어와야 합니다. 항상 움직이고 무엇을 하는 사람은 의식이 깨어날 수 없습니다. 그는 다만 꿈을 꾸고 있고 마취되어서 살고 있는 사람에 불과합니다.
간신히 모든 행동에 흥미를 잃어버리고 지쳐서 조용한 시간이 되면 그러한 사람들은 바로 잠에 떨어져 버릴 것입니다. 그러니 언제 습관과 본능과 마취에서 깨어나 맑은 의식과 영을 가질 수 있겠습니까.
습관적으로 움직이지 마십시오. 항상 무엇을 해야만 하고 움직여야만 사는 것이라고 생각하지 마십시오.

사람에게는 고요함이 필요합니다. 정지가 필요합니다. 의식의 회복이 필요합니다. 그래서 맑은 의식으로 자신의 행동을 느끼고 다스려야 하는 것입니다.

부디 새롭고 깊은 삶으로 가십시오. 그것은 아름답고 맑은 삶입니다. 거기서 당신은 한 단계 업그레이드된 삶을 경험할 수 있게 될 것입니다.

10. 혼자 있기

혼자 있는 것을 몹시 싫어하고 두려워하는 이들이 있습니다.
이들은 혼자 있는 것을 견디지 못합니다. 이들은 항상 주위에 누구인가가 있어야 하며 어쩔 수 없이 혼자 있어야하는 상황이 되면 몹시 외로워합니다.
사람은 혼자서 살 수 있는 존재가 아니며 교제를 통해서 행복해지도록 설계되었기 때문에 이러한 경향이 잘못된 것이라고 단정지을 수는 없습니다. 하지만 그러한 성향이 지나치다면 거기에는 문제가 있습니다.

사람은 혼자 있을 때 자신의 내적인 상태가 드러나게 됩니다.
혼자 있게 되면 아무도 마스크를 쓰지 않습니다. 그래서 남을 의식할 필요가 없고 본인의 영적 상태가 나타나게 됩니다.
여럿이 있을 때는 경건하던 사람이 혼자 있을 때에는 쉽게 죄에 빠지거나 유혹에 빠질 수도 있습니다. 그것은 그가 특별히 유혹에 넘어진 것이라기보다는 그의 본래의 상태가 드러난 것입니다.

사람은 환경의 자극을 받지 않으면 속의 상태가 나타나게 됩니다. 바깥에 어떤 일이 있으면 거기에 몰두해서 내면의 상태가 드러나지 않습니다. 그러나 주위에 아무도 없고 특별하게 할 일도 없으면 자신의 상태가 드러나게 되는 것입니다.

혼자 있는 것을 싫어하는 이들은 자신의 내면에 문제가 있는 것입니다. 그러한 고독을 통해서 자신의 내적 상태가 드러나게 되는데 이들은 그것을 견딜 수 없기 때문입니다.
이들은 혼자 있게 되면 깊은 외로움이나 절망을 경험합니다.
그것은 그의 내적인 상태이기 때문에 그들은 어서 빨리 바깥의 다른 일에 관심을 돌림으로서 자신의 비참한 상태로부터 벗어나려고 합니다. 이러한 이들은 혼자 있게 되면 자신이 아는 사람의 전화번호는 다 돌립니다. 그러다가 아무도 대화를 나누거나 같이 있을 사람이 없다면 아주 비참함을 느낍니다.

기억해야 할 일이 있습니다.
이렇게 자신의 내적인 상태가 드러나는 것으로부터 도망치는 사람은 일종의 몽유병환자와 같은 것입니다. 그들은 깨어있는 것을 싫어합니다. 잠을 깨고 꿈을 깨어서 자신의 영혼 상태를 보고 싶어 하지 않는 것입니다.

혼자 있을 때 행복하지 않은 사람은 영적으로 병든 사람입니다.
영이 밝고 자유로우며 주님과 가까이 교제하는 이들은 여러 사람들과 함께 있어도 행복하고 혼자 조용히 있을 때도 행복합니다. 그들은 바깥 세계에서도 행복하고 내면세계에서도 행복합니다.

고독을 두려워해서는 안 됩니다.
고독으로부터 도피를 해서도 안 됩니다.
누군가가 자신의 고독을 위로해주기를 기대하는 것도 좋지 않은 것입니다. 그런 식으로 살고 인생을 마치게 되면 그 때는 정말 비참해집니다. 왜냐하면 영계에서는 더 이상 변화와 성장이 없기 때문입니다. 그러므로 그들은 영원히 고독하게 살게 됩니다.

고독은 결코 환경의 문제가 아니라 자신의 영성을 보여주는 것임을 이해해야 합니다.
자신의 영적이고 내적인 상태가 고독을 통해서 드러나게 되는 것입니다.
많은 이들이 바깥에서는 신앙이 좋은 사람으로 알려져 있고 영적 지도자로서 알려져 있지만 그의 내면은 비참할 정도로 황폐합니다. 그러한 이들은 더욱 더 고독을 견디지 못합니다. 그래서 또 다시 사람을 만나고 다른 일을 만들어서 스스로를 바쁘게 만듭니다.
그러나 언제까지 피할 수는 없습니다. 언젠가는 죽음이 오게 되며 그것은 가장 깊은 고독입니다. 그 세계는 아무도 같이 가 줄 수 없기 때문입니다.

진정 깨어남을 원한다면 우리는 고독을 피하지 말아야 합니다.
오히려 조용히 있는 시간에 자신의 내면에 무엇이 있는지 어떤 생각이 있고 어떤 감정이 있고 자신의 깊은 내면은 어떤 상태인지 살펴보아야 합니다.

억울함이 있든 분노가 있든 죄책이 있든 그러한 것들은 빛으로 드러나고 치유되며 회복되어야 합니다.
그러한 모든 어두움의 요소가 사라지게 될 때 사람은 더 이상 혼자가 외롭지 않습니다. 그의 영혼이 실제적인 천국을 경험하게 되면 사람은 혼자 있든 둘이 있든 살든 죽든 행복합니다.

그러므로 부디 고독을 피해서 달아나지 마십시오. 당신의 외로움을 달래줄 구원자를 찾지 마십시오. 그 상태로 죽게 되면 그것은 정말 비참한 일입니다.
부디 깨어나서 자신을 보십시오.
자신의 실상에 접하십시오.
조용히 자신의 내면을 바라보십시오.
자신의 마음 상태를 관찰해보십시오.
당신의 안에 슬픔이 있는지, 그것은 어디에서 시작된 것인지 살펴보십시오.
당신의 안에 두려움이 있는지, 그것이 어디에서 시작된 것인지 살펴보십시오.
중요한 것은 도피하지 않는 것입니다. 그 자리에 조용히 있을 때 우리는 변화될 수 있습니다. 그러나 우리가 자신의 내부에서 눈을 돌려 바깥을 보기 시작하면 우리는 다시 내부의 상태를 잊어버리게 됩니다. 그것이 바로 영적 마비입니다.

바로 보게 될 때 우리는 꿈에서 깨어납니다. 잠에서 깨어납니다. 그리고 실제적인 주님의 터치와 치유하심을 경험하게 됩니다. 그렇게 깨어난 이후 우리는 더 이상 혼자 있음을 두려워하지 않게 될 것입니다.

혼자 있을 때 우리는 자신을 변화시킬 수가 있습니다.
혼자 있을 때 우리는 훈련을 할 수 있습니다.
여럿이 같이 있고 정신없이 이 일 저 일에 뛰어들 때 우리는 일종의 에스컬레이터를 타고 있는 것과 같으며 중간에 그것을 멈추게 하기가 어렵습니다. 우리는 어쩔 수 없이 끌려가야 할 때가 많습니다.
그러나 혼자 있을 때 우리는 우리를 관찰하며 즐기며 우리에게 필요한 것을 훈련하고 경험하고 받아들일 수 있습니다. 그러므로 혼자 있음은 우리에게 귀한 축복의 순간입니다.
부디 혼자 있음을 사모하십시오.
그것을 즐기며 주님과 함께 자신을 보고 바꾸는 여행을 시도해보십시오. 당신의 의식은 점점 명료해지며 점점 더 밝고 아름다운 세계로 여행을 할 수 있게 될 것입니다.

 ## 11. 머리를 맑게 하는 호흡기도 훈련

오늘날 현대인들의 의식은 대부분 아주 혼미하고 어둡습니다. 의식이 맑지 않은 상태에서 혼미하고 어두운 생각에 빠져 있으며 자신이 그러한 상태에 있다는 사실조차 잘 모릅니다. 그것은 그러한 상태에 익숙해있기 때문입니다.

이러한 의식의 어두움은 영혼의 혼미한 상태와 연관이 있는 것입니다. 그러나 또한 의식을 수신하고 공급하는 머리의 상태가 혼미한 것에도 관련된 것입니다. 곧 의식의 혼미함은 머리의 혼미함에서 기인하는 측면이 많은 것입니다.

왜 이러한 머리의 혼미함이 오는 것일까요? 물론 그 원인은 영적인 데에 있습니다. 또한 육체적인 데에도 원인이 있습니다.

머리에는 충분한 산소가 공급되어야 맑은 상태가 유지될 수 있습니다. 적당한 산소는 맑고 청명한 기운을 머리에 유지시켜줍니다.

그러나 적당한 산소가 뇌에 공급이 되지 않으면 머리는 혼미함에 빠지게 됩니다. 그리하여 어두운 상태에서 어둡고 혼미한 생각을 받아들이게 되며 바른 판단 능력을 상실하게 됩니다.

오늘날 젊은이들의 공격적이고 충동적인 성향도 영적인 원인과 함께 뇌의 산소부족에서 기인하는 것입니다. 그것은 그들이 충분한 호흡을 하지 않기 때문입니다. 산소가 부족하게 되면 두려움과 불안과 조급함과 공격성과 각종 어두움의 상념이 머리에 들어오게 되며 그것을 거절하기 어려운 상태가 됩니다.
충분하고 깊은 호흡은 머리에 충분한 산소를 공급해줍니다. 그리하여 머리는 맑은 의식과 깊은 통찰력과 지혜를 받아들이게 됩니다.

머리에 충분한 산소가 공급되지 않은 상태에서 무엇인가 일에 몰두하고 있을 때 머리에는 열이 오르게 됩니다. 머리에 산소가 부족하면 열이 오르게 되어 기능이 나빠집니다. 그래서 불안하고 흥분하게 되며 뇌의 상태가 더욱 혼미해지는 것입니다.
머리에 열을 받는 것은 좋은 것이 아닙니다. 그것은 머리를 망가뜨립니다.
고요하고 잔잔하고 깊은 의식은 머리에 열을 떨어뜨립니다. 그러므로 머리의 상태를 개선하게 됩니다.
충분하고 자연스러운 깊은 호흡이 신체적으로 의식과 머리를 맑게 한다는 사실을 기억하십시오. 이미 저술한 〈호흡기도〉에 충분히 쓴 바 있지만 호흡을 통한 영적 실제의 경험은 우리의 의식을 맑게 하는 데에도 아주 큰 도움을 줍니다.

어떤 자세이든, 어떤 공간이든 상관없이 조용히 호흡할 수 있는 곳이면 당신은 이 호흡기도를 할 수 있습니다. 당신이 마음을 집중할 수 있다면 그곳이 직장이든, 지하철 안이든 상관없습니다.

누워있든 앉아있든 자세도 상관없습니다.
조용히 주님을 의식하면서 숨을 깊이 들여 마시십시오.
배에 약간의 힘을 주고 배가 들어가고 나오게 반복하면서 숨을 깊이 들여 마시십시오.
마음속으로 '오, 주님. 이 호흡을 통해서 내 안에서 운행하시고 임재하여 주십시오' 하는 기도를 드리면 됩니다.

충분히 깊이 여유 있게 호흡을 기도하는 마음으로 하고 있다면 아마 5분이나 10분 정도 시간이 지나면 머리가 시원해지는 것을 느끼게 될 것입니다. 그것은 영적 기운과 호흡의 기운이 머리에까지 도달한 것을 의미하는 것입니다.
머리가 시원해진다는 것은 의식이 맑아진 것을 보여줍니다. 아마 그때쯤이면 불안이나 짜증이나 두려움과 같은 느낌이 사라진 것을 알게 될 것입니다.
이 시원한 느낌은 감미로움과 행복감을 동반하는 것이 보통입니다. 머리에 아주 달콤한 기운이 흐르는 것을 느낄 수 있습니다. 머리에 시원하고 청명한 기운이 구름처럼 움직이는 것 같이 느껴지기도 합니다.
이 기도에 익숙해지게 되면 나중에는 마치 머리가 사라지고 그 자리에 바람만 있는 것 같이 느껴지기도 합니다.

이러한 상태에서는 책을 읽든 무엇을 하든 편안하고 부드럽게 의식이 움직이는 것을 경험하게 됩니다. 이해도 빠르고 자유롭고 선명해지며 유쾌한 느낌이 듭니다.

이러한 상태를 반복하여 경험하게 되면 평소에 얼마나 머리가 혼미한 상태에 있었는지를 깨닫게 됩니다. 그리고 어떻게 그와 같이 혼미하고 어지러운 상태에서 살았었는지 놀라게 됩니다. 그리하여 머리와 의식을 이와 같이 맑은 상태에 항상 두기를 원하게 되는 것입니다.

이와 같은 머리호흡기도의 훈련을 할 때 나타나는 느낌은 각 사람의 영적 수준이나 상태, 평소의 의식 상태에 따라서 각 사람마다 차이가 있을 것입니다. 그러나 조용히 편안한 마음으로 꾸준하게 기도하면 누구나 의식의 맑음과 시원함을 경험하게 될 것입니다.

충분히 깊이 호흡하는 것은 머리를 맑게 해줍니다. 그것은 자신의 혼미한 상태를 개선해줍니다.

이것은 아주 간단한 기도의 방법이지만 충분히 반복하여 훈련할 때 당신은 점점 더 머리가 맑아지고 자유롭게 되는 것을 경험할 수 있게 될 것입니다. 당신의 의식은 점점 더 새로워질 것입니다.

12. 천천히 움직이기

이 시대의 사람들이 가지고 있는 공통적인 하나의 증상은 항상 몸과 마음이 바쁘다는 것입니다. 사람들은 항상 쫓기며 시간의 여유가 없다고 생각합니다. 시간이 여유가 있고 한가한 사람들은 뭔가 좀 무능한 사람으로 평가하는 경향까지 있습니다.

그러한 마음의 쫓김 때문에 사람들은 행동도 아주 빠르게 합니다. 말도 아주 빨리 하고 행동도 아주 빨리 움직입니다.
무슨 일을 하든지 아주 빨리 해치웁니다.
일이란 그 자체의 의미보다 빨리 끝내는 것이 더 중요하다고 여기는 것 같습니다. 그 일을 끝내도 여전히 다른 일이 기다리고 있는데도 말입니다.
밥도 빨리 먹습니다. 걸음도 빨리 걷습니다. 그리고 이러한 흐름에 동참하지 않는 이들은 시대의 흐름에 뒤떨어진다고 생각하는 것 같습니다.

이렇게 빠른 말과 행동은 자신을 발견하고 의식의 각성을 경험하는 데에는 아주 방해가 된다는 것을 알아야 할 필요가 있습니다.
달리기를 하면서 자신의 내면을 살필 수 있는 사람은 없을 것입니다.

그러나 산책을 하면서는 자신의 중심을 살펴볼 수 있습니다. 빠른 말과 행동은 긴장과 흥분을 일으키는데 긴장과 흥분은 우리의 의식을 바깥으로 향하게 함으로 내면의 문을 닫아버리게 되기 때문입니다.

깨어남을 위해서 우리는 말과 행동을 천천히 해야 합니다.
어떤 이들이 우리에게 질문을 했다고 해서 우리가 항상 빨리 대답을 해야 할 필요는 없습니다. 우리는 자신만의 고유한 흐름과 리듬을 가지고 있어야 합니다.
빨리 말하는 이들은 성질이 급한 사람들입니다. 그들은 상대방을 기다리지 못하며 답답해합니다. 하지만 그들이 빨리 말할 때 상대방이 그 말을 알아듣지 못하기 때문에 한 번 더 말해야 합니다. 결과적으로 그들은 천천히 말하고 천천히 움직이는 이들보다 빨리 나아가지 못합니다. 그러한 태도는 그들의 불안정한 마음의 상태를 보여주는 것입니다.

충동적이고 빠른 행동은 대부분 나중에 후회를 하게 됩니다. 그것은 당시에는 옳아 보이지만 나중에 차분하게 생각하면 옳지 않을 때가 많이 있습니다.
특히 주님의 감동과 인도하심을 기다리는 이들은 주님의 인도하심이 결코 급박한 것이 아니라는 것을 알아야 합니다. 갑자기 마구 조급한 마음이 들며 지금 빨리 결정을 해야 한다는 마음이 들면 그러한 생각은 결코 주님으로부터 온 것이 아니라는 것을 알아야 합니다.
성령님의 인도와 감동은 자연스럽고 은근한 것입니다. 서서히 봄이 오듯이 천천히 임하는 것입니다. 갑자기 임하는 조급함과 압박감은 주님의 영으로부터 온 것이 아닙니다.
그러므로 '지금 이 기회를 놓치면 후회 한다', '정말 좋은 기회다, 이 기회를 잡아야 한다', '당장 결단을 해야 한다.' 그러한 생각이 들 때 그러한 감동을 따라 가지 마시기를 바랍니다. 그러한 것들은 대부분 육신적인 생각이며 탐욕에서 기인하는 것입니다.

부디 천천히 말하고 천천히 움직이십시오.
가능하면 천천히 움직이면서 당신의 내면에 마음을 두십시오.
충분히 생각하고 충분히 감동을 받으며 자연스럽고 편안하게 움직이십시오. 그렇게 조급함에서 벗어나 자연스럽게 움직이는 것을 배울수록 당신은 점점 더 깨어남에 가까워지게 될 것입니다.

13. 어떤 상황에서도 평안을 유지하기

깨어있는 삶은 요란하고 흥분하고 바쁜 삶이 아닙니다. 그것은 고요하고 잔잔하고 평안한 삶입니다.
우리는 고요한 삶을 훈련해야 합니다. 언제 어디서나 동요하지 않는 잔잔한 상태를 유지해야 합니다.

처음에 우리는 혼자 있을 때 고요히 있는 것을 훈련합니다. 혼자 있을 때 외롭거나 두려워하지 않으며 조용히 자신을 관찰하고 주님의 은총을 구하고 받아들이며 내면의 평화를 맛보는 훈련을 합니다.
혼자 있을 때 기도와 묵상을 통하여 어느 정도 평화를 경험하는 것에 익숙해졌다면 그 다음에는 모든 상황에서 그러한 평화를 경험하는 것을 훈련해야 합니다.

이 훈련에 익숙해지게 되면 우리는 어떠한 상황 속에서도 평안을 누리게 됩니다. 다윗은 시편에서 고백하기를 전쟁 속에서도 그의 마음이 평온하다고 하였습니다. 진정한 평안은 그 심령 속에서 나오는 것이지 결코 환경의 평안함 속에서 나오는 것이 아닙니다. 그러므로 그러한 세계를 경험한 사람들은 전쟁과 비극과 세상의 요란함 속에서도 평안과 안식을 누리게 되는 것입니다.

예수님께서는 갈릴리의 바닷가에 큰 풍랑이 일었을 때도 조용히 주무시고 계셨습니다. 주님의 제자들은 공포에 사로잡혀서 소리를 질렀으나 주님의 마음에는 조금 치의 불안도 없이 그저 평안하였습니다.
빌라도 앞에서 심문을 받을 때도 주님의 마음은 흔들림이 없이 평안하였습니다. 오히려 심문을 하는 빌라도가 마음과 두려움과 불안이 가득하였지만 주님은 태산과도 같이, 잔잔한 호수와도 같이 그 심령의 평안을 유지하셨습니다.

의식이 깨어난 사람은 환경의 그림자를 보지 않습니다. 그는 영원한 세계를 인식하며 항상 영원의 앞에 있습니다. 그러므로 그러한 이들은 환경의 파도 앞에서도 죽음의 그림자 앞에서도 별로 마음의 요동함을 겪지 않게 됩니다. 그것은 그들이 이 땅의 삶이 단지 하나의 그림자에 불과하다는 것을 잘 알고 있기 때문입니다.

언젠가 어딘가를 방문하게 되었을 때 나를 데려다 주려고 어떤 여집사님이 차를 가지고 오셨습니다.
나는 집에서 기다리고 있다가 그녀가 도착하자 아내와 함께 여집사님의 차에 올라탔습니다.
집사님께 감사의 인사를 드리고 조용히 가고 있는데 한참 후에 그녀가 물었습니다.
"목사님이 차에 올라타니까 아무 말씀도 하시지 않고 가만히 계시는데도 갑자기 평안의 물결이 다가오는 것 같았어요. 그 동안 저는 몰랐었는데 제가 참 흥분상태에 있었다는 것을 알게 되었구요. 어떻게 그런 평안을 저도 맛 볼 수 있을까요?"
나는 조용히 웃었습니다. 분명한 것은 평안이든 불안이든 그 기운은 가까운 데서부터 주위 사람에게로 흘러나가기 시작한다는 것입니다.

우리 집은 밝고 명랑한 편이지만 항상 평화로움의 상태가 유지되고 있습니다. 아이들이 바깥에서 들어올 때 가끔 그 평안이 깨지기도 합니다. 그들은 바깥에서 여러 요란하고 정신없고 흥분된 그러한 상태를 가지고 들어오기 때문이지요. 그런 경우에 나는 그들을 불러서 조용히 대화를 하면서 그들의 영적 상태를 정화시킵니다.
하루는 중학생인 딸 예원이가 바깥에서 들어왔는데 그녀의 상태가 몹시 흥분되고 긴장된 상태인 것을 느꼈습니다.
그녀는 상태가 좋지 않을 때 말을 하면 그 기운이 확산된다는 것을 잘 알고 있기 때문에 입을 다물고 조용히 있습니다.
하지만 나와 아내는 그 싸늘하고 안 좋은 기운이 온 집에 퍼지는 것을 금방 느낍니다. 나는 아이를 불렀습니다.

예원이는 특별하게 기분이 나쁘거나 한 상태는 아니었는데 바깥에서 친구들과 놀다오면 그 기운이 달라붙어서 짜증이나 날카로움의 분위기가 느껴지곤 했습니다.
요즘은 어른의 권위에 순복하지 않고 함부로 짜증을 내는 아이들이 많지요. 물론 그러한 영혼은 이미 많이 병들은 것이지만 그것을 제대로 정화시키지 못한 어른들에게도 책임이 있는 것입니다. 공부만 잘 하면 다 좋은 것 인줄 알고 용납을 해주니까요.

예원이는 얼굴에 알레르기가 심해져서 벌개진 모습이었습니다. 이럴 때는 몹시 가렵지요.

나는 아이와 이야기를 하면서 그녀의 마음에 평안이 임하도록 했습니다. 조용히 몇 마디의 대화를 나누는 가운데 아이의 마음에 기쁨과 평안이 임했고 그녀의 얼굴에 생겼던 벌개진 부분이 거의 다 사라졌습니다. 가려움증도 없어져버렸지요.

이것은 마음의 평화가 치유의 역사를 일으키며 긴장되고 흥분된 마음에서 많은 질병과 고통이 시작된다는 것을 잘 보여주는 사례였습니다.

어쩌다 친지의 집에 방문할 때가 있습니다. 이럴 때 먹는 문제는 상당히 심각한 문제입니다. 가정주부들이 음식을 장만하는 데에 마음을 쓰느라고 그들의 심령을 전혀 관리하지 않기 때문입니다.

어느 집에 도착했을 때 그녀는 인사도 하지 않고 오직 음식을 준비하느라고 마음이 바쁜 상태에 있었습니다. 그런데 그 분위기가 얼마나 살벌하고 싸늘한지 나와 아내는 숨을 쉬는 것도 힘들었습니다.

그 차갑고 싸늘한 분위기와 기운이 집 전체에 흐르고 있는데 그들 가운데 그것을 인식하는 이들은 없었습니다. 항상 그러한 영으로 사는 이들은 그것이 어떠한 상태인지 분별할 수 없을 것입니다. 그러나 대부분의 시간을 평안 가운데 보내는 이들은 그러한 분위기 속에서 심각한 고통을 느끼게 됩니다.

간신히 음식을 먹고 지옥 같은 분위기에서 그럭저럭 버티다가 집으로

왔지만 그것은 정말 악몽과 같은 순간이었습니다. 영의 세계를 감지하지 못하고 물질적인 것, 환경적인 것에만 몰두하는 이들의 상태가 바로 그와 같은 것입니다. 그것은 정말 비참한 일입니다.

이러한 이들은 함부로 짜증을 내고 함부로 말을 하면서도 전혀 느낌이 없습니다. 가정에서 수시로 상대방에게 무안을 주고 공격적인 언사를 사용하지만 아무런 내적 고통도 느끼지 못합니다. 그렇게 영이 마비되어 있기 때문에 그들은 오래 기도를 해도 주님께 가까이 나아가지 못하며 주님의 풍성하신 임재를 잘 경험하지 못하는 것입니다. 영감이 어두운 그리스도인들처럼 비참한 모습도 다시 없을 것입니다. 우리는 항상 평안과 주의 임재 속에서 움직이고 살아가야 합니다. 그것이 깨어난 삶의 한 특성입니다.
환경이 바쁘다고 해서 우리 마음도 같이 바빠져서는 안 됩니다.
우리는 눈앞에 칼이 와도 평안함과 여유로움을 가지고 있어야 합니다. 우리의 생사는 주님께 속한 것입니다. 걱정하든 신경을 쓰든 그것은 우리에게 달린 것이 아니고 주님께 달린 것입니다. 우리는 오직 범사에 주를 의식하며 자유와 안식을 누려야 합니다. 그것이 영적인 실력입니다.
사소한 일에 흥분하는 것은 바른 그리스도인의 자세가 아닙니다. 텔레비전을 보면서 뉴스를 보고 걱정하는 것도 그리스도인의 모습이 아닙니다. 우리는 세상에 속해있지 않고 주님께 속해있기 때문입니다.

부디 평안을 훈련하시기를 바랍니다.

고요함의 훈련을 하고 환경 속에서도 그 고요함을 유지하도록 훈련하시기를 바랍니다.

남들에게 비난을 한번 들었다고 해서 순식간에 흥분하며 평안이 무너지는 이들도 있습니다. 사소한 소식 하나에 마음이 무너지기도 합니다. 아직 그들은 주님을 잘 모르는 것입니다.

부디 이 평화를 경험하십시오. 그리고 훈련하십시오.

좀 더 깨어날수록 당신은 그 평화를 누릴 수 있게 될 것입니다.

14. 영상 문화의 힘

오늘날 사람들의 의식은 맑지 않습니다. 머리는 희미하게 안개가 낀 듯이 혼미하고 어둡습니다.
어떤 이들은 나이가 드니 눈이 침침하다고 합니다. 하지만 그것은 젊은이들도 마찬가지입니다.

눈이 흐리멍텅한 젊은이들도 아주 많습니다. 그것은 그들의 혼미한 정신을 보여주는 것입니다.
눈이 흐릿한 사람들은 생각을 다스리지 못하는 이들입니다. 이들은 수 없이 많은 생각이 그들의 머리에 들어오고 나가지만 그 사실도 잘 인식하지 못합니다. 그들의 머리는 무방비 상태와 같아서 어떤 영들이든지 마음 놓고 들락거릴 수 있습니다. 이러한 이들은 하루에도 수 없이 생각이 바뀔 것이며 지금 무엇을 하려고 결심을 해도 내일이면 생각이 달라질 것입니다.

어떤 이들은 예배 시간에 항상 습관적으로 좁니다. 성령께서 강력하게 운행하시는 집회에서 더 많이 조는 사람들이 있습니다.
이러한 이들은 평소의 삶에서 영적인 묶임을 가지고 있는 것입니다. 즉 악한 영들이 그가 깨닫지 못하도록, 빛을 받지 못하도록 그의 의식을 혼미하게 만들고 졸리게 만드는 것입니다.
이것은 그들이 평소에 악한 영들이 넣어주는 생각에 완전히 노출되어 있음을 보여주는 것입니다.

오늘날 이러한 정신의 혼미함은 이 시대에 가득한 영상문화의 결과입니다. 아무 생각 없이 습관적으로 텔레비전이나 컴퓨터 앞에서 시간을 보내고 있는 이들은 그들의 눈과 정신을 악한 영들에게 빼앗기게 됩니다. 점차로 그들의 의식은 흐려지며 그들의 눈은 빛을 잃어버리게 됩니다. 이미 악한 영들이 그들의 눈을 소유하게 되었으므로 그들은 점차 생각 없이 본능으로 사는 존재들이 되어 가는 것입니다.

악하고 낮은 본능 수준의 그림이나 동영상을 볼 때 그들의 머리는 맑을 것입니다. 그러나 진리에 속한 것을 묵상하거나 영적인 것에 대해서 생각하려고 할 때 그들의 눈과 머리는 혼미해지기 시작할 것입니다.
그것은 이미 그들의 눈과 머리를 점령하고 있는 혼란스러운 영들이 그러한 것들이 들어오지 못하도록 방해하고 있기 때문입니다. 악한 영들은 오직 사람들이 동물적인 수준에서 쾌락을 추구하며 사는 것을 원합니다.

해방을 원한다면 방법은 한 가지 뿐입니다. 그러한 영상문화를 조심하는 것입니다. 깨어있는 것입니다. 그러한 문화를 통해서 악한 영들이 자신의 의식을 점령하지 않도록 깨어있는 것 외에는 다른 방법이 없습니다. 문을 지켜야 하는 것입니다.

이것을 분명하게 기억해야 합니다. 우리가 무엇을 먹을 때 그것은 우리를 형성한다는 것입니다.

마찬가지로 우리가 무엇을 보고 들을 때 그것은 우리의 영혼을 만들고 영원을 만듭니다. 우리가 한번 보고 지나갔다고 하더라도 그에 관련된 영들은 영원히 우리를 떠나지 않고 관련을 맺는 것입니다. 이미 그 기운들을 받아들인 후에 '나는 그것을 좋아하지 않아, 내 진심은 그것이 아니야.' 한다고 해도 그 영들은 당신을 결코 놓아주지 않습니다.

보는 것과 보는 것을 즐기는 것의 대가를 무시해서는 안 됩니다.

다윗 왕은 기도의 사람이었으며 경건한 사람이었습니다. 그는 많은 시간을 눈물로 기도하며 세상의 그 어떤 것보다도 주님의 얼굴을 구하는 사람이었습니다.

그러던 그가 어느 날 목욕하는 여인의 모습을 보았습니다. 그리고 그는 정욕에 사로잡히기 시작했습니다.

그는 그녀가 유부녀인 것을 알았습니다. 그녀를 취할 수 없다는 것을 알았습니다. 그것이 죄라는 사실도 알았습니다.

그는 수 없이 망설였을 것입니다. 그는 악행을 하고 싶지 않았습니다. 하지만 그가 본 그녀의 영상이 그에게서 사라지지 않았습니다. 다윗은 수 없는 투쟁을 한 끝에 결국 욕망에 굴복했습니다. 동영상이란 그렇게 무서운 것입니다.

일단 무엇을 보고 즐기게 되면 그 영들은 당신을 노예로 만들며 결코 대가를 지불하지 않고 놔주지 않습니다. 그래서 다윗의 가정에 재앙이 왔고 많은 피를 흘렸고 고통을 겪었으며 가정에 저주가 끊이지 않게 되었습니다. 그 모든 것이 하나의 동영상에서 시작되었습니다.

맑은 의식과 맑은 눈을 가지기 원한다면, 노예처럼 채찍을 맞으며 살기를 원치 않는다면, 동물적인 본능의 수준에서 살기를 원치 않는다면 우리는 보는 것을 조심해야 합니다. 우리 안에 들어온 것은 우리를 정복하며 다스린다는 사실을 우리는 기억해야 합니다.
보는 것을 좋아할수록 당신의 정신은 혼미해질 것입니다.
당신은 책을 읽다가도 잠이 들게 될 것이며 거의 명상을 할 수 없을 것입니다. 1분도 안 되어서 잠이 들 것이니까요. 아니, 명상뿐만 아니라 그 어떤 정신적인 일도 점점 하기가 어려워질 것입니다. 금방 모든 것을 잊어버리게 되니까요. 당신은 점점 치매 비슷한 증상을 가지게 될 것이기 때문입니다.

나는 당신이 눈을 즐겁게 하는 모든 것을 다 없애버리라고 권하고 싶지는 않습니다. 눈의 힘이 약한 것이 문제이지 그렇다고 무조건 모든 것을 피해서 도피하는 것이 해결책은 아니니까요. 정녕 그렇게 하려면 이 세상을 떠나서 광야에 들어가야 하기 때문입니다.
다만 당신은 조심을 하면서 깨어있어야 할 것입니다. 무엇을 보더라도 자신이 무엇을 보고 있다는 사실을 인식해야 하는 것입니다. 즉 깨어서 무엇을 보아야 한다는 것입니다.
이 이야기를 조금 더 진전시키기로 하겠습니다. 아무튼 영상문화의 힘은 굉장히 크고 위험합니다. 그 사실을 꼭 기억하시기를 바랍니다.

 15. 마음을 담아서 보기

생활을 하면서 눈을 감고 다니는 사람들은 없을 것입니다. 모든 사람들이 눈을 뜨고 다닙니다. 그렇지 않으면 아마 다른 사람이나 물건에 부딪치게 되거나 넘어지게 되겠지요.

하지만 눈을 뜨고 다닌다고 해서 모든 사람이 정신을 차리고 다니는 것은 아닙니다. 눈을 뜨고 다니면서도 다른 사람과 부딪치는 경우도 있습니다. 이런 경우에 '정신을 어디다 두고 있어요?'라든지 '눈은 왜 달고 다니는 겁니까?' 하는 식의 핀잔을 듣게 될 것입니다.

왜 눈을 뜨고 다니면서도 그렇게 부딪치거나 실수를 하게 되는 것일까요? 그것은 눈을 뜨고 있으면서도 눈에 온전한 정신을 쏟고 있지 않기 때문입니다.

사람들은 걸으면서 활동을 하면서 눈을 뜨고 있지만 눈에는 약간의 의식만을 주고 있습니다. 즉 눈에 또렷이 의식을 담고 사물을 보는 것이 아니라 정확하게 초점을 맞춰서 보지 않고 대충 보는 것입니다. 이것은 눈을 뜨고 있기는 하지만 눈에 마음을 싣지 않은 것입니다.

어떤 거리를 걷고 나서 자신이 걸었던 그 거리를 다시 생각해보기로 합시다. 그러면 무엇이 기억에 남을까요?

그 거리에는 많은 것들이 있었을 것입니다. 길가에 가로수도 있었고 여러 가게들이 있었을 것입니다.

가게에는 간판도 있었고 거리를 걷는 여러 사람들이 있었을 것이고 또한 차도 많이 움직이고 있었을 것입니다.

그런데 그것들을 기억해보면 기억나는 것이 있을까요? 가로수의 나무는 어떤 종류였을까요? 그 잎의 상태는 어떠하였을까요? 지나가는 사람들의 표정은 어떠했을까요? 보았던 간판의 종류는요?

아마 기억나는 것이 별로 많지 않을 것입니다. 우리는 우리의 눈에 마음을 두지 않았고 그 모든 것들을 보기는 보았지만 그저 스쳐지나갔을 뿐이니까요.

우리는 이 경우에 잠을 자고 있었던 것입니다. 우리의 눈은 깨어있었지만 또한 잠을 자고 있었지요. 자고 있었기 때문에 많은 것을 보았지만 기억에는 하나도 기록되지 않았던 것입니다.

물론 이렇게 눈에 마음을 두지 않았다고 해서 잘못되었다는 이야기는 아닙니다. 왜냐하면 사람의 주의력은 한계가 있기 때문에 보이고 접촉하는 모든 것에 다 주의를 기울일 수는 없는 것이기 때문입니다. 어디를 가든지 보이는 모든 것을 인식하고 기억하려고 애를 쓴다면 그것이 더 우스운 행동이 되겠지요.

다만 기억해야 할 것이 있습니다.

우리가 그렇게 보고 듣고 접하는 대부분의 것들에 대해서 주의를 기울이지 않는 것이 습관이 될 때 우리는 자기도 모르게 의식적인 수면 상태에 빠지게 된다는 사실입니다.

우리는 보이는 많은 것들을 그냥 지나칩니다. 그리고 그러한 과정에서 우리의 마음과 눈은 서로 따로 따로 움직이게 됩니다. 관계와 조화를 상실하게 되는 것이지요. 그러다가 갑자기 어떤 중요한 일이 있어서 거기에 마음을 기울이려고 합니다.

그런데 평소에 좋은 관계를 가지고 잘 지내지 않던 마음과 눈이 갑자기 친해져서 잘 협조를 하게 될까요?

그것은 어려울 것입니다. 즉 눈은 무엇인가를 보겠지만 마음은 역시 평소의 습관대로 거기에 마음을 싣지 않을 것이며 따라서 제대로 그것을 인식할 수 없을 것입니다. 즉 보기는 보지만 흐릿하고 잘 기억할 수 없는 그러한 상태의 인식을 하게 될 것이라는 말입니다.

이것은 중대한 문제점입니다. 즉 평소에 눈에 의식을 두지 않았기 때문에 나중에는 눈은 마음과 의식과 잘 조화될 수 없게 되는 것입니다. 즉 얼빠진 듯이 멍청한 눈으로, 마치 눈 뜬 장님처럼 살아가게 되는 것이지요. 나중에는 한 번 보고도 무엇을 보았는지 잘 기억을 하지 못하게 됩니다.

이것은 우리의 인식력을 떨어뜨리는 것이며 우리를 더욱 더 깊은 잠속에 빠지게 만들 것입니다.

우리는 눈과 마음의 관계를 회복해야 합니다. 이것은 의식을 회복하고 깨우기 위한 중요한 시작이 됩니다.

우리는 이것을 위해서 눈의 훈련을 시도합니다. 이것은 그리 어려운 훈련이 아닙니다.

보는 것은 아주 간단한 일입니다. 특별한 방법이 있는 것이 아닙니다.

평소에 사물을 보는 것처럼 그렇게 보면 됩니다.
다만 평소와 조금 다른 것은 눈으로만 보지 말고 마음을 가지고 함께 본다는 것입니다. 그냥 흘끗 대충 보고 지나가는 것이 아니라 무엇을 볼 때에 거기에 마음을 실어서 차분하고 천천히 주의를 기울여서 보는 것입니다.

우리는 어디서나 이 훈련을 할 수 있습니다.
우리가 방안에 있다면 우리가 있는 곳에서부터 한 가지 한 가지씩을 조용히 바라봅니다. 책상을 보고, 그 다음에 책상에 무엇이 놓여있는지 살펴봅니다. 쌓여져 있는 책들, 그리고 컴퓨터, 컴퓨터의 전면에 붙어있는 장식이나 무늬, 그 특징들, 그리고 스피커를 바라봅니다. 그 모양에 대해서 써 있는 글자가 있다면 주의 깊게 쳐다봅니다.
그 다음에 창가에 눈을 돌릴 수 있습니다. 창문 곁에 있는 커튼을 바라보고 그 무늬와 특징을 생각합니다. 하나 하나의 형태와 특성을 보는 것입니다.
그 다음에 시계를 바라보고 시계바늘의 모양과 움직임을 관찰합니다. 이렇게 방안을 둘러보다 보면 여태껏 거기에 있는 지도 몰랐던 것들을 많이 발견하게 됩니다. 얼마 전에 사 놓고 읽어야지 생각하던 책이 그대로 방치된 것도 발견하게 됩니다.

그것은 단순한 발견일까요?
아닙니다. 그렇지 않습니다. 아주 사소한 것들이 당신의 삶과 영적 상태를 보여준다는 사실을 기억하십시오. 당신이 당신의 곁에 오래 전부터 가까이 있는 것을 잘 인식하지 못하고 있으며 무시하고 있었다는 사실은 당신이 가까이에 있는 사람에 대하여 소홀히 대하고 있다는 것을 보여줄 수도 있는 것입니다.
항상 그러한 것은 아니겠지만 영성의 원리는 그런 식으로 적용된다는 것을 당신은 이해해야 합니다.
그러므로 사소한 것에 대한 인식과 통찰의 변화는 삶의 전반적인 분야에서도 변화와 발전을 가져올 수 있는 것입니다.

이제 당신은 바깥에 나가서 마음을 담아서 보는 것을 훈련할 수 있습니다. 거리에 나가서 가로수를 조용히 응시하기도 하고 길을 지나다니는 사람들을 바라보기도합니다.
산으로 가서 나무, 이름 모를 꽃들이나 풀, 낙엽 따위를 바라볼 수도 있지요.
그것은 무의식적으로 보는 것이 아닙니다. 내가 지금 나의 눈으로 이것을 보고 있다는 것을 의식하면서 보는 것입니다. 조금 더 섬세하게 그러나 긴장이 풀린 편안한 마음으로 오직 '보는 것' 이 자체에 마음을 두는 것입니다.

당신은 여태껏 무의식적으로 아무 생각 없이 그러한 것들을 바라보고 있었고 그냥 지나치고 있었을 것입니다. 그러나 이제 당신의 시선에 마음을 담아서 그 모든 것들을 바라보고 관찰하고 묵상하기 시작할 때 당신은 전에 보지 못했던 것들을 보고 느낄 수 있게 될 것입니다.
그렇습니다. 당신은 새로운 것을 보게 되며 새로운 통찰력을 가지게 됩니다. 그것은 당신의 안에서 영혼이 깨어나며 내적인 지각이 깨어나고 있음을 보여주고 있는 것입니다.

보는 것은 간단한 일 같지만 사물의 에너지를 취할 수 있는 놀라운 기능입니다.
사물을 보는 것은 손으로 그 사물을 잡는 것과 같은 것입니다.
아무런 의식이 없이 사물을 볼 때 우리는 사물의 에너지를 취할 수 없습니다. 그러나 조용히 마음을 담고 무엇을 볼 때 우리는 그 사물과 연결됩니다. 우리 안에서 그 사물의 에너지를 경험할 수 있습니다. 우리 안에서 상대방에 대한 공명이 일어나기 시작합니다.
눈으로 나무를 의식을 담아서 조용히 응시하고 있을 때 우리의 몸은 나무의 에너지를 공명하게 됩니다.
눈으로 꽃을 보면서 의식을 담아서 조용히 관찰할 때 우리는 꽃의 신선한 에너지를 경험하게 됩니다.

소나 말의 눈과 사람의 눈의 차이를 비교해보십시오.
소의 눈은 옆을 향하고 있습니다. 그러므로 그들이 보는 것은 사람이 보는 것과 같지 않을 것입니다.
사람의 눈은 앞을 향하고 있습니다. 눈으로 보는 것은 손으로 잡는 것과 같은 것이므로 두 눈이 앞을 볼 수 있다는 것은 두 손으로 사물을 잡을 수 있다는 것입니다.
한 손으로는 물건을 잡기가 어렵습니다. 그러나 두 손으로는 물건을 잡을 수 있습니다. 이것은 인간이 모든 보이는 것을 잡을 수 있으며 그 에너지를 취할 수 있다는 의미입니다.

두 눈으로 사물을 볼 수 있다는 것은 통합적이고 균형적인 시각으로 사물을 이해하고 그 에너지를 취할 수 있다는 것입니다.

눈에 의식을 담고 조용히 하나님이 지으신 자연물을 바라볼 때 우리는 그 모든 만물에 담겨있는 하나님의 생명을 느낄 수 있습니다. 그것들은 주님의 솜씨입니다. 우리는 눈을 통해서 그 에너지를 느끼고 취할 수 있는 것입니다.

의식을 담아서 조용히 관찰하는 것,

조용히 그 에너지를 느끼는 것,

받아들이는 것.

이 간단한 훈련을 시간이 날 때마다 수시로 시도해보십시오.

그저 단순히 마음을 담아 그것이 무엇이든지 조용히 음미하면서 바라보십시오. 당신의 내적 감각은 새로워지기 시작할 것입니다.

무엇보다도 좋은 일은 당신의 육체, 지체는 더 이상 혼자서 제 멋대로 움직이며 영혼의 통치를 거절하는 행동을 차츰 하지 않게 된다는 것입니다.

오늘날 많은 이들의 눈이 주인의 명령을 듣지 않고 있습니다. 그래서 그들은 눈의 범죄를 막지 못합니다.

만약 당신이 눈을 다스리게 될 뿐 아니라, 각 지체가 항상 당신의 의도와 명령에 순종하게 된다면 당신은 자유로운 삶의 세계로 가고 있는 것입니다.

부디 이 훈련을 반복하십시오. 당신은 점차 깨어나게 될 것입니다.

 # 16. 눈을 감고 보기

우리 안에는 우리가 사용하지 않는 많은 내적인 감각이 존재하고 있습니다. 우리는 우리가 가지고 있는 많은 감각을 아주 조금만 사용하고 있을 뿐입니다.

영적 감각이 조금 발달해있는 이들은 다른 이들보다 조금 더 내적인 감각을 사용합니다.
예를 들어서 어떤 이들은 단순히 어떤 사람의 곁에 있는 것만으로도 상대방이 가지고 있는 상태나 문제를 느낍니다.
상대방이 자기의 집에 방문하기도 전에 그 사람의 영적 상태를 느끼기도 합니다.

그러한 것들은 그리 신령한 것이 아닙니다. 그러한 감각은 모든 이들이 가지고 있는 것입니다.
인간은 하나님의 형상으로 만들어져 있습니다. 그래서 영혼을 가지고 있으며 그 영은 정보에 대한 무한한 인식력을 가지고 있습니다.
다만 인간은 타락하여 육 중심으로 본능 중심으로 동물처럼 살게 되었고 그래서 눈에 보이는 바깥 세계에 대해서만 민감해지게 되었습니다. 그리하여 내부적이고 영적이고 생명적인 부분에 대해서는 둔해지게 되었습니다.

그렇기 때문에 내적 감각의 회복은 어떤 새로운 것을 받는 것이 아닙니다. 그것은 이미 우리 안에 가지고 있던 것을 다시 사용하고 회복하는 것입니다. 은사는 우리 안에 이미 있는 것이며 그것을 불 일 듯이 일어나게 하는 것이 주님의 역사이신 것입니다.

우리는 내적인 인식과 감각을 좀 더 깨워야 합니다. 그래야 우리는 좀 더 깊은 삶을 살 수 있습니다.
앞의 장에서 나는 사람들이 평소에 마음을 두지 않고 그저 피상적으로 눈을 사용하고 있다고 말했습니다. 그러므로 마음으로 사물을 보는 것이 분명히 다를 것이라고 이야기했습니다.
이 장에서 나는 눈을 감고 보는 것에 대해서 이야기하고 싶습니다. 그것은 재미있는 훈련입니다.

흔히 눈을 떠야 볼 수 있다고 생각합니다. 하지만 그렇다면 꿈은 어떻게 꿀 수 있는 것일까요? 잠을 잘 때 눈을 뜨고 잠을 자는 이들은 없습니다. 하지만 눈을 감고 잠을 자는 상태에서도 우리는 선명한 그림을 보고 꿈을 꿉니다.
이것은 우리가 눈을 감고도 사물을 인식할 수 있는 힘이 있다는 것을 보여줍니다. 사물을 보고 인식하는 능력은 눈 자체에 있는 것이 아니라 우리의 내부에 있는 것입니다. 의학적으로는 뇌가 그것을 지각하는 것이라고 합니다.

자, 그 지각이 어디에서 이루어지든 상관없이 우리는 눈을 감은 채 보는 훈련을 할 수 있습니다. 이것은 우리에게 새로운 자유를 줄 것입니다. 잠자리에 들게 되었을 때, 혹은 낮이라도 혼자서 아무에게도 방해를 받지 않고 누울 수 있을 때 이 훈련을 시도해보십시오.

물론 낮에는 조금 어려울 것입니다. 약간 어두운 상태에서 이 훈련은 쉽게 할 수 있기 때문입니다. 그것은 대낮에 별을 보기가 어려운 것과 같은 이유입니다.

편안한 마음으로 누워서 긴장을 풀고 조용히 눈을 감은 채 눈의 앞부분을 바라봅니다. 그리고 떠오르는 이미지나 그림을 조용히 관찰합니다. 우선 알아야 할 것은 두뇌를 평소에 심하게 긴장시키는 이들은 이것이 쉽지 않을 것이라는 사실입니다. 논리적인 지성인들은 뇌가 많이 긴장되어 있기 때문에 그림을 보기가 쉽지 않습니다. 그들은 무엇을 보더라도 아주 희미한 것을 보게 될 것입니다. 그것은 그들의 생각이 평소에 통제가 안되고 어두운 영역에 많이 있기 때문입니다. 물론 꾸준하게 훈련을 한다면 점차로 명확한 인상을 얻게 됩니다.

이것을 기도하는 마음으로 하는 것이 좋습니다. 특히 기도를 드리며 응답을 구할 때에 아주 좋은 방법이기도 합니다. 예를 들어서 어떤 문제를 주님께 고하며 주님의 뜻을 물을 때 이것은 응답의 좋은 통로가 되기도 합니다.

예를 들어서 어떤 사람이 직장이나 길을 선택해야 하는 시점이라고 합시다. 그럴 때 그는 주님께 응답을 구하며 조용히 그림을 기다릴 수 있습니다.

어느 정도 훈련이 되면 그에게 이미지가 떠오르게 됩니다. 그 길이나 직장에 환한 빛이 임하는 것을 볼 수도 있습니다. 반대로 어떤 집을 사려고 하는데 그 집에 나쁜 기운이 움직이는 것을 느낄 수도 있습니다.

물론 이러한 느낌이나 인상을 정확하게 분별하는 데에는 경험과 훈련이 필요합니다. 오직 이것만을 완전하게 믿어서는 안 되며 하나의 참고 자료로 사용할 수 있을 뿐입니다.
다만 이러한 평소의 훈련은 숨겨져 있는 영적이고 내적인 지각을 깨우는 의미가 있다는 것입니다.
처음에는 빛도 보이지 않고 어둠침침하며 그냥 잠이 들기 쉬울 것입니다. 그것은 평소의 의식이 혼란스럽고 복잡하며 집중력이 부족하기 때문입니다.
그러나 어느 정도 훈련이 되면 의식이 점점 밝고 또렷해지며 단순해집니다. 그래서 밝은 빛도 볼 수 있게 되고 아름다운 형상들을 많이 보게 됩니다. 설명이 어려울 정도로 아름다운 환상을 볼 수도 있습니다. 물론 그러한 것들을 해석하는 데에는 또 다른 원리와 훈련과 경험이 필요할 것입니다.

특별한 문제가 있는 사람이 아니라면 이 훈련의 과정은 많은 감미로움을 줍니다. 어떤 이미지나 그림을 보고 그것이 무엇을 의미하는 지도 모르지만 아무튼 마음속에 신선한 기쁨이 자꾸 쌓이게 되는 것입니다.

기도의 초보자는 주님께 나아갈 때 많은 소원을 가지고 갑니다.
그래서 항상 주님께 이것저것을 요구합니다.
자기 뜻대로 안되면 금식을 하고 울부짖으며 온갖 난리를 꾸밉니다.
그러나 주님의 뜻에 자신을 어느 정도 의탁한 그리스도인, 그리하여 삶과 죽음에 대해서 별로 신경 쓰지 않게 된 그리스도인이라면 그들은 단순히 주님의 뜻을 찬양하고 감사하게 될 것입니다.
그러한 이들은 주님께 무엇을 구하기보다는 주님 자신을 구하며 주님이 원하시는 것을 구하게 됩니다. 이런 이들은 기도를 드릴 때 간구의 시간보다 주님을 기다리는 시간을 좀 더 많이 가지게 됩니다. 이 기다림의 기도에 있어서 이렇게 조용히 깨어서 응시하고 있는 것은 아주 좋은 기도의 방법입니다.

영성의 발전을 추구하며 좀 더 주님께 속한 사람이 되기를 원하는 그리스도인이라면 기도의 시간과 평소의 시간을 구분하는 것이 무의미할 것입니다.
어떤 이들은 하루에 기도를 몇 시간을 드렸다고 자랑스럽게 생각하기도 하지만 그것은 낮은 수준에 속한 것입니다. 성장한 그리스도인들은 말과 생각, 행동, 깨어있는 순간이나 잠을 자는 순간이나 그것이 다 기도인 것입니다. 그의 의식 속에서는 주님을 구함과 주님의 원하심을 사모하는 것만이 있기 때문입니다.
이러한 고요한 관찰과 보기, 묵상도 기도와 같이 드려질 수 있는 것입니다.
주님은 우리와 항상 같이 계시며 우리와의 교제를 원하시지만 우리의 영과 감각이 둔하여 알아듣지 못하고 혼자서 헤맬 때가 많이 있습니다. 이제 우리의 내적 감각이 깨어나게 될 때 우리는 주님과의 교류가 좀 더 행복하고 아름답게 되는 것을 느낄 수 있게 될 것입니다.

편안한 시간에 눈을 감고 기도하는 마음으로 조용히 응시하고 관찰하고 바라보십시오.
하루에 있었던 일을 반성하고 회상하는 마음으로 그 당시의 상황을 기억하고 돌아보는 것도 좋은 일입니다. 그 당시에는 느낄 수 없었고 볼 수 없었던 것을 볼 수도 있으니까요.
하루 종일 자신이 보았던 것들이 무엇인지 그것을 기억해보는 것도 좋은 훈련입니다. 그것도 우리의 관찰력과 감각을 일깨울 수 있으니까요.
아무튼 이러한 방법들을 통해서 당신의 내면에 숨어있는 많은 내적인 감각을 깨우시기를 바랍니다.
어떤 새로운 것이 보이거나 느껴졌다고 해서 자신을 신령한 존재로 대단한 존재로 여기지는 마십시오. 그러한 것들은 자연스러운 것이기 때문입니다.
좀 더 맑고 순수한 사람이 될수록 우리는 새로운 인식과 감각을 가지게 되며 새로운 자유를 얻고 새 영역을 경험할 수 있게 될 것입니다.
부디 조용히 진전해 가십시오. 천국은 어린아이에게 속해 있는 것입니다.

 17. 의식을 가지고 먹기

그것이 무엇이든 우리가 무의식적으로 한다는 것은 그리 좋은 것이 아닙니다.
물론 우리가 의식적으로 훈련한 기능들은 우리 안에 입력되어서 그 다음부터는 무의식적으로 자연스럽게 이루어지게 됩니다.

예를 들어서 피아노를 처음 치는 사람은 그것을 의식적으로 훈련해야 합니다. 하지만 많은 훈련을 통해 숙달된 연주자는 복잡한 곡을 연주할 때 일일이 손가락의 움직임 하나 하나에 일일이 의식을 기울일 수는 없을 깃입니다. 이때에는 무의식적인 손놀림이 필요합니다.
그러나 이와 같은 것은 무의식적인 행동이기는 하지만 우리가 그것을 통제하고 있는 것입니다.

그러나 일반적인 삶에 있어서 우리는 깨어남을 위해서 자주 삶을 멈추고 우리가 무의식적으로 잠을 자면서 하는 것이 없는 지를 살펴야 합니다. 그리고 거기에 의식을 집어넣어야 합니다. 그것은 하나의 그림에 생명을 불어넣는 것과 같은 것입니다.
사람들은 흔히 죄를 짓고 나서 '술김에' 라든지 '그 때는 내 정신이 아니었어요' 하는 식으로 말하곤 합니다. 이것은 우리가 의식을 잃고 있을 때 악한 행동을 할 수 있다는 것을 보여주는 것입니다.

권투라는 직업을 가지고 있는 사람들이 있습니다. 때리고 맞는 정말 안쓰러운 일을 하면서 살아가야 하는 사람들인데 이들은 맞는 순간에도 눈을 감지 않도록 훈련을 받는다고 합니다. 끝까지 상대방의 주먹을 보아야 한다는 것이지요. 그만큼 정신을 차리고 있어야 자신을 방어할 수 있다는 것을 보여주는 것입니다.

우리는 이와 같이 정신을 차리고 깨어있어야 합니다. 그래야 자신을 잘 보호할 수 있습니다.
무의식적으로 하는 것이 좋지 않는 대표적인 것 중의 하나가 먹는 것입니다. 생각 없이 먹는 것, 습관적으로 먹는 것, 그것은 정말 좋지 않습니다.
나는 대부분의 질병이 과식에서 온다고 생각합니다. 암이나 당뇨뿐만 아니라 게으름이나 정신병과 같은 것들도 다 과식과 관련이 있지 않을까 생각합니다.

생각 없이 습관적으로 먹는 것은 과식을 부르는 비만을 가져올 수 있습니다.
음식을 먹는다는 것은 거룩한 행위입니다. 그것은 생명을 유지하고 풍성하게 하는 의미 있는 일입니다.
하지만 내적인 감각과 상관없이 무조건 충동적으로 우리의 안에 음식을 집어넣는 것은 죄악에 가깝습니다. 그것은 자신의 몸에 대한 학대입니다.

음식을 가득 넣어서 배가 부르게 될 때 사람들의 내적인 감각은 둔해집니다. 과식한 상태에서 책을 읽거나 창작활동을 해본 사람은 그것이 전혀 도움이 되지 않는다는 것을 알 것입니다.
과식이 내적 감각을 둔하게 하기 때문에 사람들은 슬프거나 외로울 때 음식을 많이 집어넣습니다. 그래서 자신의 내적인 고통의 감각을 죽이려고 합니다.
물론 그것은 내적인 자살입니다. 그것은 도피에 지나지 않는 것입니다. 고통을 느끼지 않는다고 고통이 사라지는 것은 아니기 때문입니다.

과식을 해결할 수 있는 좋은 방법은 먹는 행위를 의식을 가지고 하는 것입니다.
항상 먹을 때마다 이렇게 훈련을 하려고 애쓸 필요는 없지만 일단 먹는 것을 통하여 당신의 인식을 훈련해보십시오.
오직 먹는 일에 집중합니다.
지나치게 흥분하여 이것저것을 먹으려고 하지 말고 조용히 어떤 것을 먹을 것인가를 결정합니다.
그리고 그것을 집어서 천천히 씹습니다.
그 맛을 음미합니다.
그리고 그것을 속에서 위장이나 내적인 감각이 어떻게 느끼는 지를 관찰합니다.
음식이 식도를 타고 내려가는 것을 느낍니다. 그리고 그것들을 축복합니다.

이런 식으로 내적인 감각에 집중을 하고 있으면 당신은 위장이 많은 음식을 싫어하는 것을 느끼게 됩니다. 입의 감각, 외부의 감각에만 빠져서 함부로 음식을 집어넣지 않고 조심스럽고 부드럽고 따뜻하게 내적인 감동을 따라 식사를 하게 되는 것입니다.
식사를 하면서 책을 보거나 텔레비전을 시청하거나 하는 것은 좋지 않은 행위입니다.
무엇이든 사람이 한꺼번에 두 가지를 하게 되면 의식이 나뉘게 되며 약해지게 됩니다.
그러므로 식사를 그런 식으로 하게 되면 자연히 먹는 감각이 무의식적이 되고 많이 먹어도 포만감이 없으며 맛도 느끼지 못합니다. 그것도 꿈속에서 먹는 것과 같은 것입니다. 그것은 그림자 같은 삶입니다.
그러므로 먹을 때는 오직 먹는 것에 집중하며 그것에 몰두하고 감사하며 내적인 감각을 느끼는 것이 좋습니다.

이것은 아주 좋은 훈련입니다.
이 훈련을 통해서 단순히 식사를 하는 것을 통해서도 우리의 영성을 깨우고 내적인 감각을 깨우고 느낄 수 있다는 것을 알게 됩니다. 주님의 임재와 평안 속에서 영혼의 내적 감각 속에서 식사를 즐길 수 있게 되는 것입니다.
우리는 점차 지나친 식욕에서 벗어나게 될 뿐 아니라 몸도 마음도 가볍고 즐겁게 되는 것을 느끼게 됩니다.

무의식적으로 움직일 때 우리는 많은 해악을 경험하게 되지만 의식의 밝은 빛 속에서 그러한 것들을 하나씩 통제하게 될 때 우리는 점점 더 자유롭고 맑고 행복한 그리스도인이 될 수 있는 것입니다.

18.  한 가지 일에 집중하기

이미 언급한 바 있지만 우리가 어떤 한 가지의 일을 할 때 그것에만 집중을 하고 주의를 기울일 때 우리의 인식력이 깊어진다는 것을 알아야 합니다. 그것은 그 자체로 하나의 영성훈련입니다.

잘 알려져 있는 수도사 로렌스 형제는 40년을 주방에서 일하면서 하나님의 임재를 훈련하고 유지했던 것으로 유명합니다.
그는 특별한 영성의 수련을 하지 않았지만 단순히 주방에서 접시를 닦는 것을 기도와 같이 여겼습니다. 그래서 접시를 닦는 중에도 오직 그의 의식을 하나님의 임재를 경험하는 데에 초점을 두었으며 그러한 훈련을 통해서 접시를 닦는 중에도 하나님의 임재를 누릴 수 있었습니다.

그것은 일종의 깨어있음이라고 할 수 있는 것입니다. 몸은 접시를 닦고 있으나 그 심령은 조용히 주님을 주시하고 있는 것입니다. 각성된 의식은 어디서나 무엇을 하든지 고요함을 유지하며 그 고요함과 평안함 속에서 그는 깊은 내적 자아를 발견하고 하나님의 임재를 경험할 수 있습니다.
마음이 분주한 사람은 그와 같은 경험이 쉽지 않을 것입니다. 그의 마음은 접시를 닦으면서도 어서 이것을 빨리 마치고 해야 할 많은 일들을 생각하고 있기 때문입니다. 또는 아무런 의식 없이 기계적으로 접시를 닦을지 모릅니다. 그러한 것은 영성과 각성에 별로 도움이 되지 않습니다.

우리들은 항상 동시에 여러 가지 일을 하는 것에 익숙해져 있습니다. 텔레비전을 보면서 식사를 하고, 책을 읽으면서 음악을 듣습니다. 걸어다니면서 말을 하고, 화장실에는 책을 가지고 가며 잠을 자면서도 생각합니다.
그 모든 것들이 다 잘못이라는 것은 아닙니다. 다만 우리는 그것에 익숙해있지만 그렇게 동시에 여러 가지를 하는 것은 우리의 의식과 감각의 한 부분을 잠자게 하고 둔감하게 한다는 것을 이해할 필요가 있습니다.

그러므로 우리는 가끔 오지 한 가지에 집중하고 주의를 기울이는 것을 훈련해야 합니다. 훈련 때에는 동시에 두 가지를 하는 것을 가급적이면 피합니다. 여기에 하나의 예외가 있다면 그것은 일과 주님께 집중하는 것을 동시에 하는 것입니다.
책을 읽으면서 주님의 임재 속에서 읽고 말을 하면서 주님의 임재 속에서 말을 하고 걸으면서 주님의 임재 속에서 걸으며 잠을 자면서 주님의 임재 속에서 잠을 잡니다.
이러한 것들은 우리의 의식을 방해하지 않습니다. 오히려 더 깊고 아름답고 심원하게 합니다. 모든 각성과 빛을 주시는 분은 주님이시며 생명의 모든 충만함은 오직 주님께서 주시기 때문입니다.

그러므로 말하든지, 듣든지, 책을 읽든지, 생각을 하든지, 가급적이면 한 가지만을 하십시오. 마르다는 동시에 여러 가지를 하려고 했기 때문에 마음이 바빠졌고 그래서 주님의 아름다우신 임재를 누릴 수 없었습니다. 영광의 주님이 바로 곁에 계셨는데도 말입니다.

주님과 같이 조용히 한 가지 일에 집중하는 것, 그것은 우리의 내적인 부분을 각성케 합니다. 여기에 익숙해질수록 우리는 좀 더 깨어나게 될 것입니다.

 **19. 의식적으로 걷고 움직이기**

우리는 별 생각 없이 습관적으로 걷습니다.
하지만 걷는다는 것은 참으로 아름다운 일이며 참으로 축복된 일입니다.
우리가 몸을 움직일 때 우리는 우리의 안에 있는 영혼도 함께 이동시키는 것입니다. 걷는 것은 영혼의 한 표현 행위입니다. 영적인 기름 부으심을 많이 가지고 있는 이들은 단순히 걷는 행위를 통해서도 주위를 영적 에너지와 아름다운 파장으로 가득 하게 채울 수가 있습니다.
그것은 가만히 있을 때보다 좀 더 유동적이고 자연스러운 에너지를 주변에 공급하게 됩니다.

우리는 걸으면서 땅에 가득한 물질 에너지를 받아들일 수 있습니다. 그리고 하늘에 충만한 생기 에너지를 흡수할 수 있습니다. 땅과 하늘, 그 어디에도 주님의 충만한 생명이 운행되고 있으며 우리는 조용히 걸으면서 그 힘을 느끼고 받아들입니다.
우리는 걸으면서 이 걷는 행위 자체에 마음을 집중할 수 있습니다.

조용히 주님을 부르면서 발바닥에 마음을 둡니다. 우리의 발이 느끼는 감각에 대해서 감사하며 즐거워합니다. 이러한 것은 우리의 내적 감각을 일으킵니다.

우리는 걷고 움직이면서 우리의 신체를 둘러싸고 있는 조용한 에너지를 느낄 수 있습니다. 춤을 추듯이 부드럽게 팔과 다리를 움직이면서 우리의 신체를 둘러싸고 있는 영적 에너지를 느낄 수 있습니다.
그것은 우리 안에 있는 영혼, 영체의 에너지입니다. 그 기운은 우리를 보호하며 우리를 둘러싸고 있습니다. 우리는 그 기운을 조용히 느끼며 천천히 움직이고 걷습니다. 우리의 신체가 움직이면서 우리의 영체도 또한 같이 움직입니다. 우리는 조금씩 그것을 감지할 수 있을 것입니다.

우리가 어떤 것을 의식할 때 그것은 깨어납니다. 평소에 무관심하게 대할 때 그것은 당신에게 아무런 반응도 보이지 않지만 주의 깊게 바라보고 있을 때 그것은 당신에게 반응하기 시작합니다. 이와 같이 우리는 부드러운 걷기와 움직임을 통해서 영적 에너지의 흐름과 움직임에도 조금씩 느낌을 가지게 됩니다.

걷고 움직이는 것은 살아있는 행위입니다. 그것은 우리가 더욱 더 선명하게 살아있다는 느낌을 줍니다.
오직 걷는다는 것, 움직인다는 것, 거기에 마음을 기울이며 조용히 몸의 반응을 살펴보십시오. 몸의 감각을 느껴보십시오.
몸이 좀 더 걷기를 원하는지, 아니면 멈추기를 원하는지, 그의 태도를 살펴보십시오.
부드럽게 천천히 걷고 의식을 가지고 움직이는 것은 몸과 영혼에 생기를 주며 깨어나게 하는데 도움이 됩니다. 이 간단한 움직임으로 우리는 아주 생동적이 될 수 있습니다.

20. 신체 감각을 느끼고 대화하기

우리의 신체는 감각을 가지고 있습니다. 무엇을 접촉하면 우리는 그것을 느낍니다.
하지만 이것도 역시 무의식적으로 이루어집니다. 예를 들어서 의자에 앉아 있을 때 엉덩이가 의자에 닿는 느낌을 사람들은 별로 주의하지 않습니다. 무심코 잊어버리게 됩니다.

물론 그것이 나쁜 것은 아닙니다. 하지만 가끔 시간을 내어서 그러한 접촉감을 훈련하는 것은 좋은 일입니다.
왜냐하면 이렇게 사소한 접촉감을 느끼다보면 나중에는 그 감각이 좀 더 발전할 수 있기 때문입니다. 예를 들어서 마음이 슬픈 사람이 가까이에 왔을 때 훈련된 이들은 그것을 즉시 느낄 수 있습니다. 작은 접촉에 대한 감각은 점차 다른 것을 접촉할 때도 느낌을 일으키기 때문입니다.

시간이 여유가 있을 때에 조용히 눕거나 앉아서 신체의 감각을 느껴보십시오. 머리가 베개에 닿는 느낌, 등이 바닥에 닿는 느낌, 신체 각 부위의 감각을 느껴보십시오.
맥박의 움직임을 느끼는 것도 좋은 훈련입니다.

편안하게 누워서 몸의 여러 부위에 맥박이 뛰고 있는 것을 찾아볼 수 있습니다.
처음에는 가슴부터, 조금 있으면 가슴 주위에 조용히 맥박이 뛰고 있음을 느낄 수 있습니다. 주의력이 부족하거나 긴장이 많이 된 이들은 시간이 더 걸릴 것입니다.
그 다음에는 손목이라든지, 배라든지, 복사뼈 근처라든지 여기저기를 찾아봅니다. 점차로 맥을 발견할 수 있으며 더 강력하게 뛰는 느낌을 얻을 수 있게 됩니다.

이러한 훈련은 내적 주의력을 일으킵니다. 또한 마음을 안정시키는 효과가 있지요. 나의 의식과 몸이 서로 조화되고 교류해 가는 느낌을 가질 수 있는 것입니다.

피의 움직임을 조용히 관찰해보는 것도 좋습니다.
또는 호흡의 움직임, 바람이 어떻게 코에 들어와서 속으로 들어가고 움직이는지 그 움직임을 조용히 따라가는 것도 좋습니다. 이것도 우리 영의 움직임을 자연스럽게 하는 데에 도움이 됩니다. 호흡과 영의 움직임은 밀접한 관계가 있습니다.

위장, 신장, 간장 등의 각 부위를 느끼며 그들과 대화를 나누는 것도 좋을 것입니다.
나는 부분적으로 그 모든 장기들이 인격을 가지고 있을 것이라고 생각합니다. 그들은 뇌의 지령을 받지만 또한 독자적으로 건강하고 자연스럽게 움직이기 위해서 갖은 노력을 합니다.
우리는 그들의 노력을 치하하고 그들의 고통에 대해서 위로할 수 있습니다.
주의를 기울이면 우리는 그들의 하소연이나 불평을 들을 지도 모릅니다.
나는 몸이 불편할 때 상상 속에서 각 장기와 대화를 나누기도 합니다. 예를 들어서 신장이나 방광에 통증을 느낄 때 그들에게 위로와 사과의 말을 하기도 하지요. 그들을 힘들게 하고 부담을 주는 음식을 함부로 먹은 것에 대해서 사과하고 앞으로는 조심하겠다고, 그들의 동의 없이 함부로 하지 않겠다고 이야기하기도 합니다.

그건 단순한 상상에 지나지 않는 것이라고요?
그럴 지도 모르겠습니다. 하지만 그런 대화를 나누고 나면 나는 신기하게도 그 부위의 통증이 사라지거나 완화되거나 하는 경험을 하곤 합니다. 당신도 한번 시도해보십시오. 단순히 상상이라고 생각하기 어려운 느낌과 효과가 생기게 될 것입니다.

나는 의식의 성격은 다르지만 하나님이 지으신 모든 생명체가 다 의식을 가지고 있다고 생각합니다. 식물들도 자기 나름의 방식대로 의식을 가지고 있다고 생각합니다. 식물을 사랑하고 축복하는 이들에 의해서 식물들이 더 건강하게 잘 자라는 많은 사례들을 보면 이것은 충분히 근거가 있다고 생각합니다.
그처럼 나는 신체의 각 부위, 모든 부분이 부분적으로 인격을 가지고 있다고 생각합니다.

한 나라에는 대통령이 있고 그 나라를 대표하지만 동시에 그 나라에는 많은 백성들이 있습니다. 나는 어떤 사람을 대표하는 의지와 그 사람의 안에 있는 많은 신체 부위의 관계도 그러한 것이라고 생각합니다. 대통령이 국민을 무시할 수 없듯이 전체 의지도 부분적인 신체와 그 의지를 무시하면 안 될 것입니다.

조용히 신체의 각 부분을 느껴보십시오. 의식을 가지고 그들을 바라보십시오. 그들의 감각을 느끼며 이야기를 들어보십시오. 많은 느낌과 감각이 이제 새롭게 깨어나는 것을 느낄 수 있게 될 것입니다.

 21. 소리에 귀를 기울이기

우리는 마음을 조용히 하고 오직 듣는 것에 마음을 둘 수 있습니다. 평소에 우리의 귀에는 많은 소리들이 들리지만 우리는 대부분 우리와 관계없는 것에 대해서 귀를 닫고 듣지 않습니다. 이러한 것들은 우리의 내적 청력을 닫히게 합니다.

무릇 신체의 어떤 증상은 그 사람의 영적 상태와 관련이 있습니다. 그러므로 귀가 잘 들리지 않고 청력이 약한 이들은 자신이 외부나 다른 사람, 다른 의견에 대해서 완고하며 마음을 닫고 있는 것은 아닌지 돌아볼 필요가 있습니다.

우리는 듣는 훈련을 통해서 새로운 통찰력과 영성의 새로운 깨어남을 경험할 수 있습니다.
그러므로 하던 일을 멈추고 조용히 눈을 감고 귀에 들려오는 소리에 귀를 기울여 보십시오. 차 소리, 아이들의 떠드는 소리, 강아지의 짖는 소리……. 우리는 평소보다 많은 것들을 듣게 됩니다. 그리고 그 모든 소리들이 하나의 영적 에너지, 파장을 가지고 있다는 것을 느끼게 됩니다.
관찰과 각성이 증가되면 소리를 통해서 흘러나오는 에너지의 특성도 느낄 수 있게 될 것입니다. 어떤 소리는 자연스러운 에너지와 파장을 가지고 있으며 우리에게 기쁨을 줍니다. 또한 어떤 소리는 부정적인 파동을 가지고 있어서 우리의 심장을 아프게 하고 놀라게 합니다.
우리는 조용히 그러한 소리들을 관찰하며 악한 분노하는 소리는 얼마나 영을 죽이는지, 사랑의 따뜻한 소리가 얼마나 모든 것들을 소생케 하는지, 느낄 수 있게 될 것입니다.

듣는 것, 조용히 의식을 소리에 집중하는 것은 우리의 의식을 섬세하고 아름답게 합니다. 우리는 좀 더 주의하며 다른 이들의 소리를 주목할 수 있으며 잘 들을 수 있게 됩니다. 그것은 우리가 섬김에 있어서 사랑에 있어서 좀 더 발전하게 되는 것을 의미할 것입니다.

조용히 소리를 들으십시오. 어떤 것이 아름답고 조화된 소리인지, 어떤 것이 거칠고 악하며 조화가 깨진 소리인지 느껴보십시오.
자연에 나가 나무와 꽃이 노래하는 것을 들어보십시오. 그것을 느껴보십시오. 그들에게 부드러운 소리를 내며 어떻게 느끼는지 살펴보십시오.
그들에게 거친 소리를 내며 어떻게 반응하는지 느껴보십시오.
이러한 훈련에 익숙해지면 사람들에게 상처를 주게 되는 소리를 내지 않게 될 것입니다.
믿음은 들음에서 나며 소리는 우리의 영에 직접적인 영향을 줍니다. 그러므로 듣는 것에 마음을 모으십시오. 우리의 영은 좀 더 섬세하고 부드럽게 변화되어 갈 것입니다.

22. 감정을 관찰하기

우리를 가장 많이 속이고 잠을 자게 만드는 것이 바로 감정입니다. 욕망도 우리를 사로잡고 우리의 왕 노릇을 하려고 하지만 감정도 또한 이에 못지않습니다. 그들도 항상 자기가 주인이 되려고 하고 뭐든지 자기 마음대로 하려고 하는 경향이 있습니다.

감정에 잡혀 있는 이들은 자기가 감정에 잡혀있다는 사실을 모릅니다. 그러므로 그들은 무감각 상태에 있습니다. 잠을 자고 있는 것입니다.

술이 취한 사람은 자신이 취했다는 사실을 잘 모르듯이 분노하고 있는 사람은 자기가 분노에 잡혀 있다는 사실을 잘 모릅니다.

화를 내는 사람에게 물어보십시오. '지금 화가 나셨습니까?' 하고. 그러면 그는 대답할 것입니다.

'아니요. 누가 화가 났다고 그래요?'

그렇게 대답하면서 그는 자신이 화가 나 있다는 사실을 비로소 깨닫게 될 것입니다.

언젠가 어떤 사람이 화를 내고 있기에 나는 조용히 그에게 말했습니다.

"지금 화가 나신 것 같군요."

그는 놀라서 대답했습니다.
"아닙니다. 죄송합니다."

한번은 목회 사역을 하고 있을 때 어떤 사람이 도움을 요청했는데 내가 할 수 있는 사역이 아니어서 들어줄 수가 없었습니다. 부드럽게 거절했는데 그는 화가 나서 모든 목회자들에 대한 비난을 퍼붓는 것이었습니다.
나는 그에게 부드럽게 웃으면서 말했습니다.
"지금 저에게 비난을 하시는 거군요?"
그는 자세를 바꾸며 사과했습니다.
"죄송합니다. 그런 뜻이 아니었는데.."

감정이 자신을 붙잡을 때 사람들은 자신을 잃어버립니다. 그래서 자신이 무슨 말과 행동을 하는지 알지 못합니다. 그렇기 때문에 조용히 그의 상태를 이야기해주면 그들은 놀라서 정신이 돌아오게 됩니다.

어떤 자매가 다른 이와 대화 중에 모욕을 느꼈습니다. 그녀는 자기 방에 들어와 울었습니다. 아주 서럽게 울었습니다.
그런데 그 순간 그녀에게 이런 생각이 떠올랐습니다.
'내가 왜 이렇게 우는 거지?'
그것은 아주 사소한 자존심 때문이었습니다. 별로 그리 심각하게 통곡할 문제가 아니었습니다. 그녀는 울음을 멈추었습니다. 그녀는 갑자기 정신이 깨어난 것입니다.

어느 부인은 자녀들에게 사소한 일로 마구 화를 냈습니다.
그런데 기도 중에 부인은 갑자기 이런 생각이 들었습니다.
'내가 왜 이렇게 화를 낸 거지? 아이들이 뭘 그렇게 잘못한 것도 아닌데……'
부인은 기도 중에 정신이 돌아온 것입니다.
그렇습니다. 사람들은 사소한 일에 화를 내기도 하고 근심하기도 하며 슬퍼하기도 합니다. 하지만 그것들은 그리 대단한 문제들이 아닙니다. 다만 잠을 자고 있기 때문에 자기가 왜 화를 내는지 슬퍼하는지 알지 못하고 그냥 그림자를 따라 본능적으로 살아가는 것에 불과한 것입니다.

나는 차를 주차하는 문제 때문에 거의 죽일 정도로 욕을 하고 미워하고 싸우는 이들을 주변에서 자주 봅니다.
그러한 이들은 제 정신으로 사는 것이 아닙니다. 깨어나게 되면 그들은 더 이상 그러한 일로 마음의 평화를 잃어버리지 않게 될 것입니다.

우리들은 어떤 감정이 우리를 붙잡으려 할 때 잠에서 깨어나야 합니다. 그리고 자신에게 물어야 합니다.
'왜 나는 지금 화를 내야 되는 거지?', '왜 나는 지금 우울해야 하는 거지?'
그러한 질문은 자신의 의식을 깨어나게 합니다. 의식이 깨어나면 우리는 동물적으로 살지 않고 흥분하지 않고 자연스럽게 행동할 수 있게 됩니다.

감정이 우리를 사로잡으려 할 때 우리는 또한 이렇게 질문해야 합니다. '이 감정은 누구인가?', '과연 내가 맞는가?', '이 감정은 어디서 오는가?'
많은 경우 그 감정은 당신이 아닙니다. 그것은 악한 영들에게서 오며 어둠의 영계에서 옵니다. 근심, 슬픔, 우울, 두려움들은 지옥에서 악령들이 우리에게 가져다주는 경우가 대부분입니다.
그러므로 우리는 아무 음식이나 덥석 받아먹는 사람이 되어서는 안 됩니다. 우리는 그것들을 관찰해야 합니다.

객관적으로 자신을 바라보고 관찰하는 것은 우리를 깨우는 좋은 방법입니다. 이 한가지만을 제대로 이해하고 훈련해도 우리는 인생의 많은 고통과 재앙에서 벗어날 수 있게 될 것입니다.
조용히, 자연스럽게 자신의 감정을 살피십시오. 그것이 어디에서 일어나고 어떻게 움직이는지 느껴보십시오. 여기에 익숙해질수록 당신은 자유로운 사람이 될 것입니다.

23. 서로에 대해 깨어있기

잠을 자고 있는 사람은 대화할 수 없습니다. 어떤 사람이 다른 사람과 대화를 하고 싶은데 그 사람이 잠을 자고 있습니다. 그럴 때는 대화를 할 수 없습니다. 그러므로 대화를 하고 싶으면 상대방을 깨워야 합니다. 오늘날 많은 사람들 사이의 대화나 관계가 이와 같습니다. 즉 서로에 대해서 잠을 자고 있는 것입니다. 그래서 상대방의 마음을 모르며 오랜 시간 대화를 해도 아무 것도 통하지 않습니다. 그들은 서로 자고 있으며 다른 영역에 있기 때문입니다.

잠을 자고 있는 사람은 자신에 대해서도 알지 못하지만 상대방에 대해서도 알지 못합니다. 그러므로 잠에서 깨어 자신을 관찰하고 발견해야 합니다. 그리고 상대방에 대해서도 관찰하고 느끼고 발견해야 합니다. 눈치가 전혀 없고 상대방의 마음을 전혀 느끼지 못하는 사람이 있습니다. 이는 영적으로 어린 사람이며 아직 깨어나지 못한 사람입니다.
이러한 이들은 자기중심적으로만 생각합니다. 그래서 사람들에게 고통을 주게 됩니다.
이러한 사람은 사랑을 할 수 없습니다. 그들은 사랑이라고 생각하겠지만 그 사랑이 다른 사람에게는 고통이 됩니다. 그들은 자기가 좋아하는 대로 하면 남도 좋아할 것이라고 생각하기 때문입니다. 이들은 사랑을 하기 전에 먼저 정신이 돌아와야 합니다.

지금까지 자신을 관찰하면서 자신을 발견하여 온 것처럼 우리는 다른 이들에 대해서도 같이 관찰하면서 발견해가야 합니다. 다른 이들의 마음을 알지 못하는 이들은 주님도 알지 못합니다. 다른 이들을 섬기지 못하고 아프게 하는 것은 곧 주님을 아프게 하는 것이기 때문입니다.

남에게 상처를 주는 이들은 악한 사람들이라기보다는 어린 사람들입니다. 그들은 남의 마음을 느끼지 못합니다. 남의 마음을 느낄 수 있는 감각이 있다면 함부로 대하지 못할 것입니다.
영이 예민한 사람들은 남이 아픈 것이 본인이 아픈 것보다 더 힘들기 때문에 조심하게 되는 것입니다.
남이 죽을 병에 걸린 것에 대해서는 초연하고 자신의 감기에는 호들갑을 떠는 것은 영적으로 어리며 깊은 잠에 빠져 있기 때문입니다. 영이 깨어날수록 다른 이들을 느끼며 알 수 있습니다. 그러므로 사람들을 섬기고 도울 수 있는 것입니다.
다른 이들에 대해서 깨어나는 것도 훈련의 방식은 비슷합니다.
그것은 관찰과 인식입니다. 평소에 그냥 지나쳤던 것을 이제는 함부로 지나치지 않고 조심스럽게 주의 깊게 관찰하는 것입니다.

남편들은 대체로 아내의 이야기를 깊이 듣지 않습니다. 아내도 마찬가지입니다. 그래서 글자와 소리는 이해하지만 그 마음과 영은 이해하지 못합니다. 그러므로 상대방의 말과 소리를 주의 깊이 관찰하고 듣는 것이 필요합니다.

조용히 상대방의 모습을 응시하는 것도 좋습니다. 아내가 주방에서 어떻게 움직이는지 가만히 지켜봅니다.

어떤 사람의 상태를 느끼기 위하여 눈을 감고 상대방을 상상하는 것도 좋습니다. 조용히 집중을 하고 있으면 상대방과 관련된 어떤 이미지나 느낌을 얻게 됩니다. 상대방의 상태나 마음이 느껴지기도 합니다. 이런 식으로 상대방의 마음과 영을 이해하게 되는 것입니다. 이러한 훈련은 상대를 위한 중보 기도를 하는 데도 유익합니다. 중보 기도도 사람을 이해하는 데 필요하고 유익한 것입니다.

상대방을 느끼기 위해서는 먼저 자신의 가슴, 심장에 대한 훈련이 필요합니다. 자신의 감정을 객관적으로 느끼고 감지할 수 있고 심장의 상태에 대한 예민함이 어느 정도 이루어지면 나중에는 상대방의 심장에 집중할 때 그 사람의 감정을 느끼게 됩니다. 그것은 사람의 몸은 서로 떨어져 있지만 심장을 통해서는 서로 연결되어 있기 때문입니다. 그러므로 이 훈련에 익숙한 사람들은 상대방의 마음에 집중하면 상대방이 지금 어디에 있는지는 모르지만 그 마음의 상태가 어떠한 지에 대해서는 어느 정도 느낄 수 있게 됩니다.

어머니들이 멀리 떨어진 곳에 있던 자녀가 사고를 당했을 때 그것을 감지하는 경우가 있습니다. 그것은 자녀를 사랑하고 염려하는 어머니의 영적 파장이 자녀의 상태를 감지했기 때문입니다. 흔히 이심전심이라는 말을 사용하기도 합니다. 마음은 그처럼 서로 통하는 것입니다.

그처럼 마음이 통하고 영이 통한다면 그것은 행복한 삶입니다. 가까이 살고 자주 보지만 서로 잠을 자고 있으며 무관심하고 사랑하지 않으며 서로에 대해서 아무 것도 느낄 수 없고 알 수 없다면 그것은 비극입니다. 우리는 서로에 대해서 깨어날 때 서로 섬기며 돕고 사랑할 수 있습니다.

사람을 관찰하고 느끼는 것을 훈련하십시오. 그렇게 함으로써 깨어나십시오. 영혼이 깨어나고 의식이 깨어날수록 그것은 쉬워집니다. 당신은 상대방이 진실을 말하는지 거짓을 말하는지 어렵지 않게 알 수 있습니다.
당신은 상대방이 무엇을 걱정하고 무엇을 좋아하는 지 알 수 있습니다. 당신은 상대방에게 가까이 가야 하는지 아니면 멀리 떨어져 있는 것이 나은지 알게 될 것입니다.

깨어나는 것은 행복입니다. 어떤 이들은 항상 꿈꾸기를 원하고 꿈과 환상을 가지고 살지만 깨어날 때만이 많은 것들을 실제로 누릴 수 있고 할 수 있습니다.
그러므로 속히 깨어나십시오. 당신이 원한다면 그것은 가능한 일입니다. 사모하고 추구할 때 당신은 많은 부분에서 깨어날 수 있게 될 것입니다.

24. 잠자지 않고 깨어있기

잠을 자는 것은 중요한 일이고 필요한 것입니다.
그러나 많이 자는 것은 좋지 않습니다.
주님께서는 겟세마네 동산에서 잠이 들어버린 제자들에게 한 시도 깨어있지 못하느냐고 꾸짖으셨습니다.
육체의 잠이 많은 이들은 영적으로도 잠들게 됩니다. 많은 잠은 사람을 게으르게 할 뿐만 아니라 정신도 낮고 혼미한 상태에 머물러 있게 합니다. 몸이 게으르면서 영이 민감할 수는 없습니다.

과식이 좋지 않은 중요한 이유는 그것이 잠을 많아지게 하기 때문입니다. 음식을 많이 먹으면 소화를 위해서 잠을 자게 되며 그래서 사람이 더욱 더 본능적이 되고 둔감해지게 됩니다.
몸이 아프거나 피곤한 사람이 억지로 잠을 참으려고 버티는 것은 좋지 않습니다. 그러나 힘든 것이 아니라면 일부러 잠을 잘 필요는 없습니다. 그것은 좋지 않은 습관입니다.

밤이든 새벽이든 잠을 자지 않고 조용히 깨어있는 것은 영을 깨우고 지각을 깨우는 데에 좋은 도움이 되는 훈련입니다.
잠을 자게 되면 의식을 잃어버립니다. 완전히 깨게 되면 또한 깊은 의식 속에 들어가기 어렵습니다. 또한 낮에는 우리가 해야 할 많은 일들이 우리의 의식을 깊이 깨어나지 못하게 방해합니다.

그러므로 밤이나 새벽에 우리는 조용히 깨어있는 것이 좋습니다. 머리가 바닥에 닿기가 무섭게 잠에 빠지는 것을 건강하고 좋은 것이라고 보는 이들도 있지만 그것은 영적으로는 그리 좋은 것이 아닙니다.

밤에 주님을 묵상하면서 단순히 조용히 깨어있으십시오.

그것은 좋은 영성 훈련입니다. 무엇을 하려고 하지 말고 그저 조용히 깨어있는 상태로 있으십시오. 훈련을 하다보면 그것이 얼마나 행복하고 즐거운 느낌인지 알게 됩니다.

그런 상태로 있을 때 우리의 의식은 차츰 고양되고 깊은 곳으로 가는 것입니다. 그러한 상태에서 대부분 예술가는 영감을 받으며 발명가는 발명의 아이디어를 얻게 됩니다. 그것은 그러한 깨어있음의 상태가 영적 세계의 에너지를 취할 수 있는 상태이기 때문입니다.

잠자는 것을 즐기지 마십시오. 대낮에도 할 일이 없으면 잠에 빠져드는 이들이 있는 데 그것은 영성에 그다지 도움이 되지 않는 일입니다. 이러한 훈련을 통해서 잠이 부족하지는 않을까 걱정하지는 마십시오. 사실 이러한 깨어있음은 잠을 자는 상태에 못지않게 몸과 마음에 휴식을 주기 때문입니다.

수면을 방해하는 것은 잠을 자면서도 생각이 끊임없이 쉬지 않고 움직이는 바람에 깊은 수면에 들어가지 못하기 때문입니다. 그러나 이러한 깨어있음의 훈련을 하다보면 마음과 생각을 정화시키고 다스릴 수 있게 되어 수면의 질도 좋아지게 됩니다.

잠이 오지 않을 때 걱정하지 마십시오. 그것은 당신이 낮 동안의 시간에 별로 생각과 마음을 잘 관리하지 못했다는 것을 보여주는 것입니다. 그래서 당신의 의식 가운데 어둠이 있어서 당신이 영계로 들어가지 못하게 방해하는 것입니다. 잠이 드는 것은 곧 영계의 여행이기 때문입니다.
그런 경우에는 잠이 들어도 별로 좋지 않은 꿈을 꾸게 될 것입니다. 물론 이 경우의 꿈은 의식의 정화를 위한 것입니다.

마음이 산란해서 잠이 오지 않을 때에도 이와 같이 조용히 깨어 있음을 통해서 당신의 의식이 정화되고 새로워질 수 있습니다. 당신은 곧 회복과 자유를 얻게 됩니다. 그리고 나면 졸음이 오게 될 것입니다.
밤의 시간은 영성과 지각을 깨우기 위한 아주 좋은 훈련의 기회입니다. 그 놀라운 기회를 그저 무턱대고 잠을 자면서 다 낭비해버리지 마십시오. 이 깨어있음은 당신에게 아주 아름답고 유용한 시간이 될 것입니다.

 25. 기도하면서 깨어 있기

주님은 제자들에게 깨어서 기도하라고 말씀하셨습니다.
그렇다면 기도하는 이들은 다 깨어있는 사람들일까요?
그렇지 않습니다. 어떤 이들은 많은 이야기를 하고도 자신이 무엇을 이야기하는지 모릅니다. 어떠한 영으로 말하고 있는지 모릅니다. 그와 같이 많이 기도하는 이들도 자신이 무엇을 기도하는지 말하는지 모르는 사람들이 많습니다.

많은 사람들이 피스톤처럼 빠르고 정신없이 기도의 말을 쏟아냅니다. 울부짖기도 합니다. 하지만 조금 지나면 자기가 기도한 모든 것을 잊어버립니다.
많은 기도에 침묵이 없습니다.
많은 기도에 기다림이 없습니다.
그저 자신의 소망에 대해서 열심히 쏟아놓고 그것을 기도라고 생각하기도 합니다.
많은 기도에 주님이 없습니다.
어떤 이들은 기도하지만 주님은 전혀 의식하지 않습니다.
주님께서 자신의 기도를 듣고 어떻게 느끼실지, 어떻게 반응하실 지 관심이 없이 오직 사람들에게 들으라고 기도를 합니다.

그것은 기도가 아닙니다. 깨어나는 순간 그러한 이들은 자기는 한번도 기도한 적이 없었다는 것을 알게 됩니다.
상대에 대해서 전혀 관심이 없이 자신이 하고 싶은 이야기만 하는 사람은 상대방의 진정한 친구라고 할 수 없을 것입니다.

기도하면서 잠을 자는 이들도 많이 있습니다. 영적으로 잠이 들어서 본능적인 수준의 간구에 머물러 있는 것입니다. 그러한 기도는 영혼과 지각을 깨우지 못합니다.
문제와 소원에 대해서 기도하는 것은 나쁜 것이 아닙니다.
그러나 기도가 오직 그것뿐이면 그것은 곤란합니다. 성급하게 자신의 요구사항만을 쏟아놓는 기도는 영을 깨우지 못합니다.

생각해보십시오. 깨어남은 자신의 차원을 뛰어넘는 것입니다. 새로운 세계로 올라가는 것입니다.
그러나 자기의 욕망, 자기의 소원, 자기의 수준에서만 기도하고 그 이상의 어떤 것도 기대하지 않는다면 자기 수준에서 어떻게 더 발전하고 깨어나겠습니까?
어떤 이들은 몇 년을 기도하면서 항상 똑같은 내용의 기도를 합니다. 마치 테이프를 틀어놓은 것과 같습니다. 그러한 습관적인 기도, 무의식적인 기도도 영혼과 지각을 깨우지 못합니다.

당신의 기도에 좀 더 공백이 많아지게 하시기를 바랍니다.
당신을 자꾸 주님께 채우려고 하지 말고 주님을 당신에게 채우려고 하십시오. 그것이 기도입니다. 당신이 하나님에게 임하는 것보다 하나님의 영이 당신에게 임하는 것이 더 낫습니다. 혼자서만 열심히 떠드는 기도는 오랫동안 기도해도 별로 변화되는 것이 없습니다.

기도하면서 조용히 기다리십시오.
주님으로부터 오는 깨달음을 받으려고 하십시오.
주님의 빛을 받으려고 하십시오.
당신이 외치기 전부터 주님께서는 당신의 옆자리에 앉아 계셨습니다. 그러니 그분이 당신에게 임하셔서 당신이 여태껏 가지 않았던 길, 알지 못했던 것, 경험하지 못했던 새로운 세계를 보여주시도록 기다리고 구하는 것이 나은 것입니다.
우리가 간절하게 목숨을 걸고 구하는 것들은 대부분 쓸데없는 것들이지만 주님께서 우리에게 주시려고 하는 것들은 진정한 보화이며 빛이며 영광의 세계이기 때문입니다.

주님 앞에서 잠잠하십시오.
말을 하더라도 습관적인 언어로 기도하지 마십시오.
연극적인 대사로 기도하지 마십시오. 그러한 것은 잠을 자고 있는 것입니다. 혼자서 연기하고 있는 것입니다. 그래서는 잠에서 깨어날 수 없습니다.

기도하면서 문제 자체에 너무 매달리지 마십시오. 그것도 잠을 자는 것입니다.

기도하면서 지나치게 욕망에 빠지지 않도록 하십시오. 그것도 잠을 자는 것입니다.

기도하면서 형식과 습관으로 하지 마십시오. 그것도 기도의 잠입니다.

신선함으로 기대함으로 주님께 나아가십시오.

지금 이 자리에 주님이 계십니다.

그분을 기대하십시오.

그분이 임하실 때 당신의 기도는 깨어나고 잠도 깨어날 것입니다.

기도가 잠에서 깨어날 때 사람들은 아름다워집니다. 기도가 실제가 될 때 사람들은 황홀한 아름다움에 사로잡히게 됩니다. 사람들이 기도를 하면서 찬양을 드리면서 예배를 드리면서 심드렁하고 지루하게 느끼는 것은 그들이 영적인 잠이 들어있기 때문입니다. 깨어나면 그 모든 것에 빛과 영광이 가득하게 됩니다. 행복과 사랑과 감격에 가득해서 잠이 들어 버리는 사람은 없습니다.

당신의 기도가 잠들지 않게 하십시오.

깨어서 기도하며, 기도하면서 깨어있으십시오.

우리의 의식과 영이 깨어날 때 우리는 주님과 찬란한 영광의 세계에 있게 될 것입니다.

26. 주님을 의식하며 깨어있기

"그러므로 이르시기를 잠자는 자여 깨어서 죽은 자들 가운데서 일어나라 그리스도께서 네게 비취시리라 하셨느니라" (엡5:14)

"진실로 진실로 너희에게 이르노니 죽은 자들이 하나님의 아들의 음성을 들을 때가 오나니 곧 이 때라 듣는 자는 살아나리라" (요5:25)

주님은 자주 깨어있음에 대해서 경고하셨습니다. 주인이 언제 올지 모르기 때문에 근신하여 깨어있어야 한다고 가르치셨습니다. 근신하 여 깨어서 자신에게 맡기진 사명을 잘 감당하며 주인의 오심을 기다려야 한다고 하셨던 것입니다.

영적으로 잠을 잔다는 것과 죽었다는 말은 비슷한 말입니다. 둘은 똑같이 죽은 듯이 움직이지 않습니다. 그러나 그들은 깨어나고 살아날 가능성을 가지고 있습니다. 그것은 주님의 음성을 듣고 주님의 빛이 비칠 때입니다.

주님의 임재, 주님의 음성, 주님의 비췸은 죽은 영혼을 살리고 잠자는 자의 영혼을 깨웁니다. 주의 영은 우리 영에게 생기를 주어 정신과 의식이 돌아오게 하는 것입니다.

자기중심으로 사는 이들은 잠자고 있는 이들입니다. 자기 행복과 만족을 위하여 살고 있는 이들은 잠자고 있는 이들입니다.

세상 중심으로, 물질 중심으로 사는 이들은 잠자고 있는 이들입니다. 물질이나 명예나 권세가 행복의 조건이라고 생각하는 이들은 영적으로 죽어있으며 잠자고 있는 이들입니다.

이들은 영계의 어두운 곳에서 비참하게 악한 영들의 노예가 되어 그들의 지배를 받으며 비참한 삶을 살고 있습니다.

그러나 그들은 죽어있기 때문에 잠을 자고 있기 때문에 그 사실을 알지 못합니다. 모든 고통과 슬픔과 외로움과 허무함은 지옥의 영계에서 올라와서 그들을 억압하지만 그들은 그 사실을 알지 못합니다.

많은 이들이 피상적으로 주를 믿으며 의식을 잃은 상태에서 무의식적으로 습관적으로 움직이면서 삽니다. 문득 정신이 들었을 때 나이가 30이 되고 문득 정신이 들었을 때 어느덧 50이 됩니다. 그리고 깜박했을 때 어느덧 인생의 해가 저물어 갑니다. 이제는 주님 앞에 설 때가 가까워지게 되는 것입니다. 그 때에 비로소 정신이 들어 내가 지금까지 무엇을 하고 살았나 하는 생각이 떠오릅니다.

그것이 많은 이들의 삶입니다. 하지만 그것은 잃어버려진 삶이며 망각 속의 허무한 삶입니다.

주님이 임하실 때 망각의 영이 사라집니다. 주님의 임재와 음성이 사람의 영을 깨웁니다.

바벨론의 느부갓네살 왕은 교만을 떨다가 그 정신을 잃어버리게 되어

7년을 동물처럼 살게 됩니다.
그는 왕권의 영광과 권세가 극에 달하자 하늘의 하나님께 영광을 돌리지 않고 꿈을 통하여 경고한 다니엘의 메시지도 듣지 않고 자신을 높입니다. 그 결과 하늘에서 심판의 음성이 들리며 그는 순간에 지혜와 의식을 잃어버립니다.
그 기한이 지나자 느부갓네살 왕에게 다시 지혜와 의식이 돌아옵니다. 사람은 의식이 없어질 때 바로 동물과 같이 되며 주님의 은총으로 의식이 돌아올 때 모든 것이 회복되는 것입니다. 그러한 경험을 한 후에 왕은 모든 지혜의 근원이 하나님이시며 그 앞에 엎드려 겸손하고 사모하는 삶을 살아야 할 것을 깨닫게 됩니다.

오늘날 많은 사람들이 거의 동물적인 수준에서 살고 있습니다. 그것은 교만하고 악하여 주님을 사모하지 않으므로 그들의 의식을 빼앗겼기 때문입니다. 사람은 주를 사모하고 의식하지 않을 때 의식을 잃어버리게 됩니다.
주님의 임재와 음성이 잠자는 영혼을 깨우며 의식을 깨우는 것입니다. 그러므로 지혜와 영감과 의식을 유지하며 깨어나는 가장 기본적인 원리는 언제나 항상 주를 의식하며 사모하고 그의 임재를 구하는 것입니다.

그리스도인들은 도를 아는 사람들입니다. 그 도는 바로 십자가의 도이며 주님의 진리의 도입니다.
그리스도인들은 항상 주를 의식하며 깨어있는 사람들입니다. 주님은 항상 주님의 임재 앞에서 주인 앞에서 깨어있으라고 명령하십니다.
우리는 항상 자든지 깨든지 주님을 의식해야 합니다.
우리는 항상 말하든지 먹든지 주님을 의식해야 합니다.
항상 그 음성과 그 임재 앞에서 살아가야 합니다.
그것이 진정 깨어있는 삶입니다.
세상은 어둡고 세상 사람들은 잠을 자고 있지만 그리스도인들은 잠에서 깨어있어야 합니다.

삼손은 사명을 받고 권능을 받은 사람입니다.
그러나 그는 육적인 사랑에 빠지면서 그 의식을 잃어버렸습니다. 그는 감각의 쾌락에 빠져서 영감을 잃었고 주님과의 교제를 잃어버렸습니다. 그래서 그는 비밀을 누설하고 그 결과 주님께서 떠나셨는데도 그 사실을 알지 못했습니다.
눈이 뽑히고 감옥에 갇혔을 때 비로소 그는 정신이 들었습니다. 그리고 기도하기 시작했습니다.
평탄한 환경 속에서 그는 의식을 잃어버리고 본능만이 남았습니다. 그러나 고통 속에서 그는 다시 주를 불렀습니다. 그리고 의식과 지혜와 권능이 돌아오기 시작했습니다. 그래서 그는 마지막에 사명을 감당하고 죽을 수 있었습니다.

깨어있지 않을 때 악한 영들은 그리스도인들을 사로잡습니다. 잠자고 있을 때 그들은 가라지를 뿌립니다. 그들은 주님의 사람들을 사로잡아 정신을 잃게 하고 세상의 영광을 보여주며 그들의 사명을 잃어버리게 합니다. 그러므로 영적인 잠을 자고 있는 것은 곧 어두움의 영들에게 속임을 당하고 끌려 다니는 노예상태인 것입니다.

주를 의식할 때, 주를 부를 때 우리는 잠에서 깨어나게 됩니다. 안이한 삶은 우리의 의식을 빼앗을 수 있지만 우리가 어떠한 고난 속에서도 주의 임재를 잃어버리지 않고 주의 이름을 부를 때 우리는 깨어나게 됩니다.

주님은 빛이십니다. 그분은 영감과 능력과 지혜의 근원이십니다.
그러므로 우리가 항상 그분을 사모하고 의지하며 붙들고 있을 때 우리는 사망의 잠에서 깨어날 수 있게 될 것입니다.
부디 언제나 어디에서나 어떤 상황에서나 주님을 의식하고 붙잡으며 깨어있으십시오.
그러할 때 우리는 빛 가운데서 이 땅의 여정을 걸어갈 수 있게 될 것입니다.

결언 – 깨어남을 사모하십시오

어떤 그리스도인인 형제가 사업상의 큰 어려움을 겪게 되었습니다. 오랫동안 성실하게 신앙생활을 하면서 교회에서도 많은 봉사를 하고 있었던 그는 문제의 해결을 위해서 기도하던 중 갑자기 선명한 느낌을 받게 되었습니다.

그것은 '나는 과연 하나님을 제대로 알고 있는가?' 하는 느낌이었습니다. 그리고 그는 자신이 오랫동안 신앙생활을 해왔지만 그것은 하나의 형식이었을 뿐 하나님을 개인적으로 잘 모르고 있다는 것을 깨닫게 되었습니다.

이것이 무엇일까요? 바로 잠에서 깨어난 것입니다. 그는 많은 시간을 기도했고 예배에 참석했지만 그동안 자신이 잠을 자고 있었다는 것을 알았습니다. 그것은 아주 통렬한 깨달음이었지만 이후로 그는 새로운 차원의 신앙을 가지게 되었습니다.

이것은 고통과 시련이 깊이 잠들어 있는 우리 자신을 깨우는 면도 있다는 것을 보여줍니다.

어떤 그리스도인은 어느 날 아내를 조용히 바라보았습니다. 그러다 갑자기 아내가 자기와 함께 살아온 30년 동안 너무나 늙고 지치고 약해졌다는 것을 느꼈습니다. 갑자기 너무나 아내의 모습이 초췌하고 안쓰럽고 애처롭고 느껴졌던 것입니다.

그것이 바로 깨어남의 일종입니다. 그는 갑자기 새로운 것을 보게 된 것입니다. 그는 그동안 아내에 대해서 잠을 자고 있었습니다. 아마 다른 것에 쫓기고 집중을 하느라고 그랬을 것입니다.

사도 바울은 살기가 등등해서 기독교를 박멸하고 그리스도인들을 괴롭히려고 가다가 갑자기 하늘에서 오는 빛을 얻어맞고 거꾸러졌습니다. 그것은 그에게 하나의 비췸과 같았습니다.

그는 갑자기 알게 되었습니다. 자신이 하나님을 위한다고 하는 것이 실제로 하나님을 대적하는 것이었다는 사실을 말입니다. 그는 그 깨우침 속에서 한동안 식음을 전폐했습니다. 하지만 그 충격은 그가 새롭게 깨어나는 과정의 아픔이었습니다.

아침에 잠을 깨면 지난 밤의 잠과 꿈은 다 사라진 것입니다. 그 순간부터 새로운 태양이 떠오르며 새 날이 시작됩니다.

깨어남은 우리를 새로운 인생으로 인도합니다. 깨어남을 경험한 사람들은 전과 다른 삶을 살아가게 됩니다.

오늘날 우리들은 혼미한 정신 속에서 꿈을 꾸듯이 살아갑니다. 몸과 마음과 영이 맑지 않습니다. 이 시대는 혼탁한 영으로 가득한 시대입니다.

그러므로 우리에게는 깨어남이 필요한 것입니다. 맑은 정신, 맑은 영이 필요합니다.

그것은 이해의 차원이 아닙니다. 지식의 차원이 아닙니다. 그것은 눈을 뜨는 것을 의미하는 것입니다.

공부를 하고 연구를 하고 수많은 책을 읽고 배워서 이해하는 그런 차원이 아닙니다. 그것은 눈을 떠야 하는 것입니다.

성 프란시스코는 자신의 죄인됨을 깨닫고 회개하며 많은 눈물을 흘리다가 눈이 멀었습니다. 그것은 이해의 차원이 아니라 깨우침의 차원입니다. 눈을 뜬 것입니다.

어떤 이는 평소에 자신이 약간 교만하다고 생각했습니다. 그러다 어느 날 갑자기 그는 자신의 악과 교만이 하늘을 찌르는 것을 선명하게 느끼고 보게 되었습니다. 그는 땅에 거꾸러져 울었습니다. 그것은 깨어남입니다. 이해의 차원이 아닙니다.

어떤 이는 근심이 끊어지지 않았습니다. 하루 종일 두렵고 걱정이 되었습니다. 사소한 것에 대해서도 염려와 근심 때문에 살 수가 없었습니다.

하나님이 모든 것을 통치하시니 두려워말라고 사람들이 이야기해도 그는 여전히 두려웠습니다.

어느 날 그는 떠오르는 모든 죄들을 하나 하나 회개했습니다.

갑자기 그는 보게 되었습니다. 하나님이 온 세상의 주인이시며 세상을 주관하시고 운행하시며 모든 만물은 하나님의 손안에 있음을 보게 되었습니다.

그는 갑자기 모든 근심이 사라져버렸습니다.

그것은 이해의 차원이 아닙니다. 그는 잠에서 깨어났으며 갑자기 보게 된 것입니다.

기도원에서 기도를 하다가 깊은 은혜에 사로잡히고 하나님의 임재와 영광에 빠져 밤새 눈물로 회개하고 감사기도를 드린 사람이 흔히 이런 고백을 합니다.
'아침의 햇살은 얼마나 찬란하고 아름다운지! 세상에! 나무와 잎들은 얼마나 사랑스럽고 선명한 색채를 띠고 있는지! 마치 모든 세상이 춤을 추고 찬양을 하고 있는 것 같았다.'
그것은 그가 꿈에서 깨어났기 때문입니다.

우리는 꿈에서 깨어나야 합니다. 잠에서 깨어나야 합니다.
그 때 우리의 지각은 새로워집니다. 우리는 새로운 것을 이해하고 보고 듣고 알 수 있습니다.
우리는 자신을 보고 다른 이들을 보며 인생을 볼 수 있습니다.
노인들은 회상을 좋아합니다.
회상은 좋은 것입니다. 그것은 한 순간에 전체를 보는 것입니다. 젊었을 때는 열심히 살았지만 삶에 빠져서 전체를 볼 수 없었습니다. 그러나 나이가 많이 들어서 이제는 전체를 볼 수 있게 됩니다.
산 위에 오르기까지는 숲에 가려서 잘 보이지 않지만 높은 곳에 이르렀을 때 비로소 전체가 모든 세계가 보이게 됩니다. 그 때 깨어나게 되는 것입니다. 비로소 자신의 인생을 인도하신 하나님의 역사하심과 의도를 조금 이해하게 됩니다.

우리는 깨어나야 합니다. 전체를 볼 수 있어야 합니다.
젊었을 때는 정욕과 열정에 사로잡혀 깨어나는 것이 어렵습니다. 그러나 노인이 되면 깨어남에 있어서 조금 더 유리합니다. 그것은 그들의 육신이 약해져서 더 이상 육신의 힘으로 살아갈 수 없기 때문입니다. 하지만 노인이 되었을 때도 깨어나지 않는다면 더 이상은 기회가 없습니다.
하지만 젊은이들이라고 하더라도 노인이 되기까지 기다리지 말고 지금 깨어나야 합니다. 그 때 우리의 모든 것은 새로워집니다.
단순히 육신적인 즐거움을 누리는 것을 삶의 보람으로 생각하는 이들도 있습니다. 육체가 건강하고 물질에 여유가 있으면 그것이 성공적인 삶이라고 생각하는 이들도 많이 있습니다. 어리석은 이들은 방탕한 삶과 쾌락을 누리며 그것을 기쁨으로 생각합니다.
하지만 그러한 삶은 죽은 삶입니다. 진정한 건강은 육체의 강인함이 아니고 눈을 뜨고 영혼이 각성된 깨어난 삶입니다. 우리는 그러한 삶을 추구해야 합니다.

나는 잠을 자고 있다가 갑자기 새로운 깨어남을 경험하고 감격하고 뛰기도 했습니다. 놀라고 감격해서 울기도 했습니다. 깨어남과 빛은 언제나 새로운 자유함을 주었기 때문입니다.
하지만 사람들에게 그런 이야기를 하면 대부분의 사람들은 관심이 없다는 것을 알게 되었습니다. 그러나 그들도 깨어나게 되면 그것이 무엇인지 알게 될 것입니다.

부디 이 깨어남을 사모하십시오.
꾸준하게 깨어남을 위한 기도와 훈련에 임하십시오.
고요함을 훈련하며 의식의 비워짐과 새로운 차원을 훈련하십시오. 몸을 관찰하며 내적 감각을 깨우고 훈련하십시오. 그것들은 우리 안에서 새로운 깨어남을 일어나게 합니다.

의식 없이 많은 기도를 드리지 말고 조용히 깨어서 주를 기다리십시오. 주님은 당신을 새로운 차원으로 인도하실 것입니다.
주님은 우리에게 무한한 지혜와 깨달음과 자유함을 주시기를 원하십니다.
무지와 어둠 속에 빠져서 동물적으로 본능적으로 살며 낮은 곳에 처하는 것을 원하시지 않습니다. 우리는 좀 더 아름답고 높은 곳으로 가야합니다.
부디 그 새로운 세계의 열림을 사모하십시오. 추구하고 사모하는 이들에게 주님은 긍휼을 베푸실 것입니다.
당신이 깨어나고 또 깨어날 때 당신은 천국의 새로운 빛과 은총 가운데 거하게 될 것입니다. 할렐루야.

도서구입신청

도서 구입을 원하시는 분들을 위한 안내입니다.

1. 도서 목록 확인

페이지를 넘기시면 정원 목사님의 도서 전권이 안내되어있습니다.
도서 목록을 참조하셔서 필요로 하시는 책을 선택하십시오.
각 도서의 자세한 목차와 내용을 원하시면 정원목사 독자 모임 카페의 [저자 및 저서소개] 코너를 참조하십시오. (http://cafe.daum.net/garden500)

2. 책신청

구입하실 도서를 결정하신 후에, 영성의 숲 출판사로 전화를 주세요.
(02-355-7526 / 010-9176-7526. 통화시간: 월~금 오전 9시~저녁 7시)
신청 도서 목록을 알려주시면 입금하실 금액을 안내해 드립니다.
신청하실 때는 책을 받으실 주소와 전화번호를 함께 알려주세요.
책신청은 전화 외에도 영성의 숲 홈페이지의 [책신청] 코너,
출판사 이메일(spiritforest@hanmail.net)을 사용하실 수 있습니다.

3. 송금

안내 받으신 도서 대금을 아래 계좌로 입금해 주세요.
(국민은행: 461901-01-019724, 우체국: 013649-02-049367, 예금주: 이혜경)
신청자 성함과 입금자 성함이 일치하지 않는 경우에는 입금자 성함을
꼭 알려주셔야 확인이 가능합니다.

4. 배송

입금 확인 후에 바로 발송 작업을 하는데, 발송후 도착까지 보통 2-3일 정도가 소요 됩니다. 책을 급하게 필요로 하실 경우에는 일반 서점을 이용해 주세요. 해외 배송을 원하시는 분은 총판을 담당하고 있는 생명의 말씀사로 문의해주시기 바랍니다. (생명의 말씀사 080-022-1211 www.lifebook.co.kr)

<기도 시리즈>

1. 하늘의 권능이 임하는 부르짖는 기도 1
영성의 숲. 373쪽. 12,000원 / 핸디북 10,000원
부르짖는 기도는 모든 기도의 형태 중에서 가장 기본적이고 중요한 기도입니다. 이 기도를 바르게 배우고 적용한다면 하늘의 권능이 임하는 것을 경험하게 되며 모든 면에서 강건한 그리스도인이 될수 있을 것입니다.

2. 하늘의 권능이 임하는 부르짖는 기도 2
영성의 숲. 444쪽. 14,000원 / 핸디북 11,000원
부르짖는 기도 1권은 발성의 의미, 능력과 부르짖는 기도의 전체적인 원리를 다루 었으며 2권은 부르짖는 기도의 실제로서 구체적인 기도의 방법과 적용원리를 다루고 있습니다. 3부에 수록된 다양한 승리의 간증은 독자님들에게 좋은 도전이 될 것입니다.

3. 대적기도의 원리와 능력
영성의 숲. 400쪽. 14,000원 / 핸디북 10,000원
대적기도 시리즈 1편. 대적기도는 주님께 간구하는 기도가 아니며 우리에게 주어진 권세와 능력을 발견하고 사용하여 능력과 승리를 경험하는 기도입니다. 이 기도를 알게 될 때 당신의 삶은 진정 달라지게 될 것입니다.
휴대를 위한 작은 사이즈의 핸디북도 있습니다.

4. 대적기도의 적용 원리
영성의 숲. 424쪽. 14,000원 / 핸디북11,000원
대적기도 시리즈 2편. 대적기도에도 원리와 법칙이 있습니다. 그 원리와 법칙을 잘 익혀서 실제의 삶에 적용한다면 우리는 풍성한 삶을 살 수 있습니다. 이 책에서는 그 원리들을 구체적으로 제시해 주고 있습니다.
휴대를 위한 작은 사이즈의 핸디북도 있습니다.

5. 대적기도를 통한 승리의 삶
영성의 숲. 452쪽. 14,000원 / 핸디북 11,000원
대적기도 시리즈 3편. 대적기도를 인간관계, 가정에서의 삶, 복음 전도와 사역에 구체적으로 적용하는 방법을 제시하였습니다. 여기서 제시된 원리를 잘 읽고 적용한다면 삶과 사역에 있어서 많은 변화와 승리를 경험할 수 있게 될 것입니다.
휴대를 위한 작은 사이즈의 핸디북도 있습니다.

6. 대적기도의 근본적인 승리 비결
영성의 숲. 454쪽. 14,000원 / 핸디북 11,000원
대적기도 시리즈 4편. 완결편. 1부에서는 악한 영들을 근본적으로 완전하게 제압하고 승리할 수 있는 원리와 비결을 제시하고 있습니다. 2부에서는 대적기도를 적용하고 경험한 성도들의 사례가 실려 있는데 이것은 각 사람의 적용과 승리에 좋은 참고가 될 수 있을 것입니다.
휴대를 위한 작은 사이즈의 핸디북도 있습니다.

7. 아름답고 행복한 기도의 세계
영성의 숲. 276쪽. 9,000원
〈기도업데이트〉의 개정판. 자연스럽고 편안하게 기도의 아름다움과 행복에 잠길 수 있도록 돕는 책입니다. 기다리는 기도, 듣는 기도, 안식하는 기도 등 다양하고 풍성한 기도의 원리들을 일상의 예화들을 통하여 쉽게 정리하였습니다.

8. 주님의 마음에 이르는 기도
영성의 숲. 309쪽. 10,000원
기도의 원리와 방법에 대한 200개의 조언을 담았습니다. 주님의 마음을 향하여 가는 것. 그것이 기도의 방향이며 목적임을 보여주는 책입니다.

9. 주님의 임재를 경험하는 길
영성의 숲. 308쪽. 10,000원
〈주님을 경험하는 100가지 방법〉의 개정판. 주님의 살아계심과 임재를 경험하기 위한 100가지의 실제적인 방법을 제시하고 있습니다. 사모하는 마음으로 이 방법들을 시도한다면 누구나 쉽게 그분의 역사를 경험하게 될 것입니다.

10. 예수 호흡기도
영성의 숲. 460쪽. 14,000원 / 핸디북 11,000원
호흡을 통한 기도가 주님의 임재와 영적 실제에 들어가는 중요한 비밀이며 열쇠임을 보여주는 책입니다. 이 책에 제시된 원리와 방법을 충실히 시도해 본다면 누구나 놀라운 변화를 경험하게 될 것입니다.

11. 방언기도의 은혜와 능력 1
영성의 숲 459쪽. 16,000원 / 핸디북 12,000원
방언기도 시리즈 1편. 방언에 대한 성경적이고 균형잡힌 설명 뿐 아니라, 저자의 개인적인 경험과 간증, 방언을 받는 과정과 통역을 시도하는 과정에 대한 구체적인 설명, 여러 경험자들의 실례가 풍성하게 실려있어, 방언의 은혜에 대해 이해하고 적용하는 데에 실제적인 도움을 주는 책입니다.

12. 방언기도의 은혜와 능력 2
영성의 숲 403쪽. 13,000원 / 핸디북 11,000원
방언기도 2편에서는 방언과 통역이 발전해 나가는 과정과 그 영적인 의미를 깊이있게 다루었습니다. 방언의 가치와 의미를 바르게 이해하고 적용하게 될 때, 오래 동안 방언을 사용하면서도 주님의 은총를 누리지 못하던 이들이 주님의 가까우심과 아름다우심을 풍성히 경험하게 될 것입니다.

13. 방언기도의 은혜와 능력 3
영성의 숲 489쪽. 15,000원 / 핸디북12,000원
방언 기도 시리즈의 결론적인 부분을 다룬 책입니다. 방언에 대한 부정적인 견해와 원인들, 방언을 통해 어떻게 부흥이 시작되는지, 은사의 바른 방향과 의미, 목적 등을 정리하였고, 전체적인 요약 정리와 함께 경험자들의 구체적인 사례들을 첨부하여 실제적인 적용에 도움이 되도록 하였습니다.

<영성 시리즈>

1. 영성의 실제를 경험하는 길
영성의 숲. 357쪽. 11,000원
〈그리스도인의 아름다운 영성〉의 개정판.
많은 은혜의 도구들이 있지만 그것들이 다 주님을 접촉하는 것은 아닙니다. 참다운 영성과 주님을 경험하는 원리를 제시하는 책입니다.

2. 생각의 자유를 경험하는 길
영성의 숲. 237쪽. 8,000원
〈그리스도인의 생각 다스리기〉의 개정판. 우리가 겪는 삶의 대부분의 고통들은 스스로 만들어낸 생각의 감옥에 지나지 않으며 생각을 분별하고 관리함으로써 풍성하고 행복한 삶을 살 수 있다는 메시지를 다양한 예화와 함께 설득력 있게 제시하고 있습니다. 많은 교회에서 훈련 교재로 사용되기도 했습니다.

3. 영성의 중심은 사랑입니다
영성의 숲. 243쪽. 8,000원
하나님의 은혜를 받아들이고 누림으로써 진정한 사랑과 따뜻함의 세계를 경험할 수 있도록 돕는 책. 신앙의 따뜻함과 아름다움을 회복하고, 영혼들을 이해하고 도울 수 있는 관점을 제시하고 있습니다.

4. 영성의 원리
영성의 숲. 319쪽. 10,000원
영성에도 원리가 있습니다. 이 책은 영성의 발전을 위한 다양한 원리들, 영의 흐름, 영의 인식, 영적 승리를 위한 중보 등의 원리를 실제적인 예와 함께 잘 설명해 줍니다. 영적 부흥과 충만함을 사모하는 이들에게 좋은 참고서가 될 수 있을 것입니다.

5. 문제는 주님의 음성입니다
영성의 숲. 227쪽. 9,000원
우리의 삶에 다가오는 여러가지 어려움들, 문제들은 우연이 아닙니다. 거기에는 주님의 배려와 가르치심이 있으며 반드시 우리가 배워야 할 것이 있습니다. 이 책은 그 문제들에서 주님의 뜻과 음성을 발견하는 원리를 가르쳐 주고 있습니다.

6. 영성의 발전은 어떻게 이루어지는가
영성의 숲. 254쪽. 8,000원
〈영성의 상담〉의 증보 개정판. 영성에 대한 여러 질문과 답변을 통해 다양한 영적현상의 의미와 삶 속에서 영적 성장을 이루는 구체적인 방법들을 소개하고 있습니다.

7. 지금 이 공간에 임하시는 주님
영성의 숲. 340쪽. 11,000원
주님은 믿을수 없을만큼 가까이 계시지만 사람들은 흔히 그분을 무시함으로 그의 임재를 소멸시킵니다. 이책은 그분의 가까우심과 구체적인 공간을 통한 임재, 나타나심을 경험할수 있도록 실제적인 지침을 제시하고 있습니다.

8. 심령이 약한 자의 승리하는 삶
영성의 숲. 228쪽. 9,000원
영혼의 힘이 약하고 마음이 여리고 민감하여 고통을 겪고 있는 이들을 위한 책. 영혼의 원리 및 기질과 사명을 이해함으로써 이전에 알지 못했던 자유와 해방과 놀라운 행복감을 누리게 될 것입니다.

9. 천국의 중심원리
영성의 숲. 452쪽. 14,000원
천국은 사후에만 갈 수 있는 장소가 아닙니다. 이 땅에 살면서 천국의 임재, 그 천국의 빛과 영광을 경험할 수 있습니다. 이 책에서는 내면세계의 천국을 경험하기 위한 길과 원리를 제시해 주고 있습니다.

10. 행복한 신앙을 위한 28가지 조언
영성의 숲. 348쪽. 12,000원
〈자유롭고 행복한 그리스도인 1〉의 개정판. 묶여 있고 창백한 의식의 틀을 벗어나, 자유롭고 풍성한 믿음의 삶으로 나아가도록 돕는 책입니다. 28가지 조언속에 행복한 신앙을 위한 영적 원리들을 담고 있습니다.

11. 성숙한 신앙을 위한 30가지 조언
영성의 숲. 340쪽. 12,000원
〈자유롭고 행복한 그리스도인2〉의 개정판. 의식이 바뀔 때 천국의 자유와 기쁨을 누릴 수 있음을 보여주는 책입니다. 묶여있는 사고와 습관, 잘못된 의식에서 해방되는 원리를 제시해 주고 있습니다.

12. 의식의 깨어남을 사모하라
영성의 숲. 239쪽. 9,000원
잠과 꿈과 깨어남의 실체를 보여주며 진정한 깨어있음의 세계로 인도하는 책입니다.
의식과 영혼을 깨우기 위한 방법과 원리들을 제시해 주고 있습니다.

13. 주님의 마음, 주님의 임재 속으로
영성의 숲. 348쪽. 11,000원
오늘날 주님의 마음에 대한 많은 오해가 있어서 주님의 깊으신 임재에 들어가지 못합니다. 이 책은 그 오해를 풀어주며 우리를 향한 주님의 사랑을 보여주고 그 사랑의 임재 속에 들어가는 길을 안내해주고 있습니다.

14. 영성의 발전을 갈망하라
영성의 숲. 292쪽. 10,000원
영성의 진리 시리즈 1편. 영성을 깨우고 발전시킬 수 있는 다양한 이야기, 원리, 법칙들을 묶은 36가지의 메시지가 수록되어 있습니다. 영혼의 각성에 도움이 되는 지식과 도전을 얻게될 것입니다.

15. 집회에서 흐르는 주님의 은혜
영성의 숲. 254쪽. 8,000원
이미 출간되었던 [집회 가운데 임하시는 주님]을 새롭게 개정하였습니다. 회원들의 간증을 줄이고 더 많은 분량을 추가하였습니다. 집회 가운데 나타나는 주님의 생생한 역사와 이에 관련된 여러 영적 원리를 기술하였습니다. 읽을수록 집회 현장에 있는 듯한 감동과 은혜를 얻을 수 있을 것입니다. 은혜를 사모하는 이들, 영성 사역에 관심이 있는 사역자들에게 좋은 참고가 될 것입니다.

16. 삶을 변화시키는 생명의 원리
영성의 숲. 348쪽. 값 11,000원
삶 속에서 열매를 맺을 수 있는 비결과 원리를 시편 1편의 말씀과 요한복음 15장의 말씀을 중심으로 제시하고 있습니다. 포도나무이신 주님과 가지로서 항상 연결되는 삶이 열매를 맺는 원리이며 은총의 비결인 것을 명쾌한 논지로 설명하고 있습니다. 신앙의 기초와 방향을 분명히 밝히는 책으로서 풍성한 삶과 승리하는 삶을 갈망하는 그리스도인들에게 귀한 도전이 될 것입니다.

17, 18. 낮아짐의 은혜1, 2
영성의 숲. 308쪽. 값 10,000원 / 14,000원
쉽게 하나님의 임재를 경험하며 그 은혜 가운데 머무르는 사람이 있습니다. 그 은총의 비밀은 무엇일까요? 그것은 바로 낮아짐이며 이를 통하여 주의 무한한 은혜와 천국의 풍성함을 누릴 수 있음을 본서는 증명합니다. 사람을 파괴하는 높아짐의 시작과 타락, 은혜의 회복, 열매의 풍성함 등을 다루고 있으며 누구나 그 은혜의 세계에 쉽게 이르도록 길을 제시하고 있습니다.

19. 그리스도를 갈망하는 삶
영성의 숲. 268쪽. 값 9,000원
부흥과 영적 깨어남, 영성의 다양한 원리에 대한 이야기. 삶 속의 이야기와 함께 자연스럽게 풀어서 정리하였습니다. 일상의 사소한 삶에서 영적 원리를 발견하고 적용하도록 도우며 그리스도에 대한 갈망이 증가되도록 도전하고 있습니다.

20. 영이 깨어날수록 천국을 누린다
영성의 숲. 236쪽. 값 8,000원
독자들과 일대일로 마주 앉아서 대화를 하듯이 영적 성장과 풍성한 삶을 누리는 원리에 대해서 메시지를 전달하고 있습니다. 사랑하는 삶, 영성의 깨어남에 대한 새로운 통찰력을 제공해주며 기쁨으로 주님을 따르는 길을 제시해줍니다.

<생활 영성 시리즈>

1. 주님과 차 한잔을
영성의 숲. 220쪽. 6,000원
신앙의 귀한 진리들, 주님을 사모하고 가까이 나아가는데 도움이 되는 원리들을 유머를 통해 밝고 즐겁게 전달해주는 책입니다.
주님과 같이 차를 한잔 마시는 기분으로 부담없이 읽다보면 자연스럽게 영적 통찰을 얻을 수 있을 것입니다.

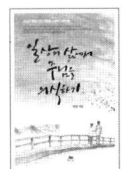

2. 일상의 삶에서 주님을 의식하기
영성의 숲. 280쪽. 8,000원
일상의 사소한 삶 속에서 주님을 의식하며 살아가는 이야기. 신앙과 영성은 기도할 때만이 아니라 일상의 모든 삶 속에서 나타나야 한다. 작고 사소한 모든 일에서 주님을 의식하는 것이 진정한 행복의 원리인 것을 이 책은 보여주고 있습니다.

3. 일상에서 경험하는 주님의 사랑
영성의 숲. 277쪽. 8,000원
일상의 묵상 시리즈 2편. 사소한 일상의 삶에서 주님의 임재와 사랑을 느끼고 주님의 메시지를 경험하는 이야기. 항상 모든 것에서 주님의 마음과 시선으로 삶과 사람을 보고 느껴야 하며 이를 통해서 날마다 천국을 경험할 수 있음을 사소한 삶의 이야기를 통하여 부드럽게 전달해주고 있습니다.

4. 삶이 가르치는 지혜
영성의 숲. 212쪽. 6,000원
<삶이 가르치는 지혜>의 개정판. 우리의 삶에서 경험하는 많은 즐거운 일, 힘든 일들이 결국 우리 영혼의 성장을 위하여 주어진 일임을 보여줍니다. 가슴을 따뜻하게 하는 소박한 이야기들을 통해서 사랑의 중요성을 다시 한번 깨닫게 합니다.

5. 사랑의 나라로 가는 여행
영성의 숲. 156쪽. 5,000원
<사랑의 나라>의 개정판. 어른들을 위한 우화로서 한 청년이 여행을 통하여 삶의 목적과 방향을 깨달아 가는 과정이 흥미진진하게 전개되고 있습니다. 즐겁게 이야기를 읽어나가다보면 영적 성장의 방향과 중심, 영적 세계의 에너지와 원리, 흐름을 이해하는데 도움이 될 것입니다.

6. 하나님의 뜻을 발견해 가는 여행
영성의 숲. 269쪽. 신국판 변형 8,000원
성경에 등장하는 입다, 다윗, 암논의 삶과 사건들을 통하여 하나님의 아버지 마음과 하나님의 의도와 훈련을 이해하고 발견하도록 안내하는 책입니다. 등장인물들의 마음과 정서가 드라마처럼 녹아있어 흥미와 감동을 전달해줍니다.

7. 일상에서 경험하는 주님의 은혜
영성의 숲. 253쪽. 값 8,000원
일상시리즈 3편입니다.
가족 이야기, 모임 이야기, 일상에서 경험하는 여러 가지 일들을 통해서 영적 원리와 교훈을 정리하였습니다.
일기와 이야기 형식으로 기록되어 있어서 즐겁게 읽는 가운데 주님과 같이 걷는 삶의 흐름 속으로 들어갈 수 있게 될 것입니다.

<묵상 시리즈>

1. 맑고 깊은 영성의 세계를 향하여
영성의 숲. 140쪽. 5,000원.
잠언시리즈 1편. 내 영혼의 잠언1을 판형을 바꾸어 새롭게 만들었습니다. 순결하고 맑은 영혼으로 성장하기 위한 진리의 묵상들이 간결하게 정리되어 있습니다.

2. 주님은 생수의 근원 입니다
영성의 숲. 196쪽. 6,000원
<내 영혼의 잠언2>의 개정판. 맑고 투명한 영성의 세계로 안내하는 영성 잠언집. 새벽녘의 신선하고 향긋한 바람처럼 우리 영혼을 달콤하게 채워주는 묵상의 글들을 모아서 정리했습니다.

3. 묻지 않는 자에게 해답을 던지지 말라
영성의 숲. 156쪽. 5,000원
삶과 사랑과 영혼의 진리를 담은 잠언 시집.
인생의 의미와 진리, 영성의 발전과정을 예리하면서도 부드러운 시각으로 표현하고 있습니다. 불신자에 대한 전도용으로도 좋은 책입니다.

4. 영혼을 깨우는 지혜의 샘물
영성의 숲. 180쪽. 5,000원
<영적 성숙으로 향하는 여행>의 개정판
인생, 진리, 마음, 영성 등 중요한 8가지의 주제에 대한 짧은 묵상을 담았습니다. 맑은 샘물이 흐르듯이 간결한 지혜의 메시지가 영성을 일깨워주는 책입니다.

의식의 깨어남을 사모하라

1 판 1쇄 발행	2004년 8월 30일
1 판 6쇄 발행	2014년 9월 25일
지은이	정원
펴낸이	이 혜경
펴낸곳	영성의 숲
등록번호	2001. 7. 19 제 8-341 호
전화	02 - 355 - 7526 (영성의숲)
핸드폰	010 - 9176 - 7526 (영성의숲)
E - mail	spiritforest@hanmail.net (영성의숲)
홈페이지	cafe.daum.net/garden500 (정원목사 독자 모임)
국민은행	461901 - 01 - 019724
우체국	013649 - 02 - 049367
예금주	이 혜경
총판	생명의 말씀사
전화	02 - 3159 - 8211
팩스	080 - 022 - 8585,6

값 9,000원
ISBN 89 - 90200 - 18 - 0 03230